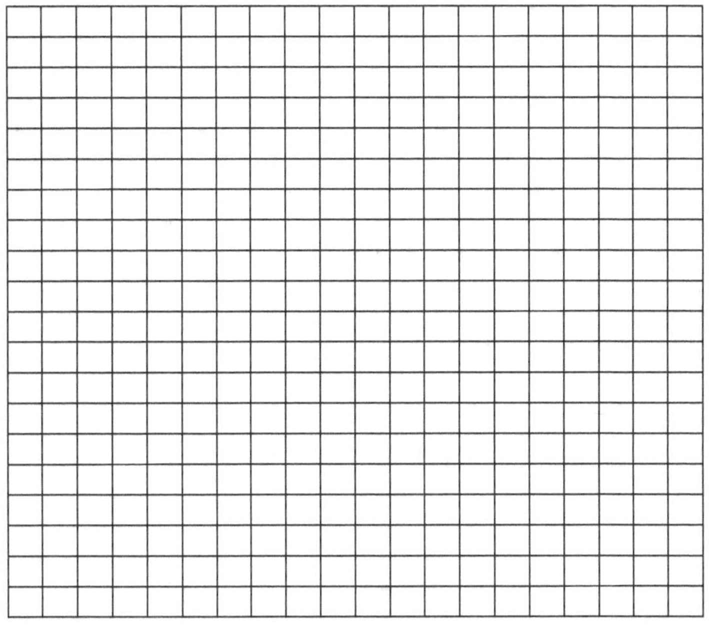

Notes:

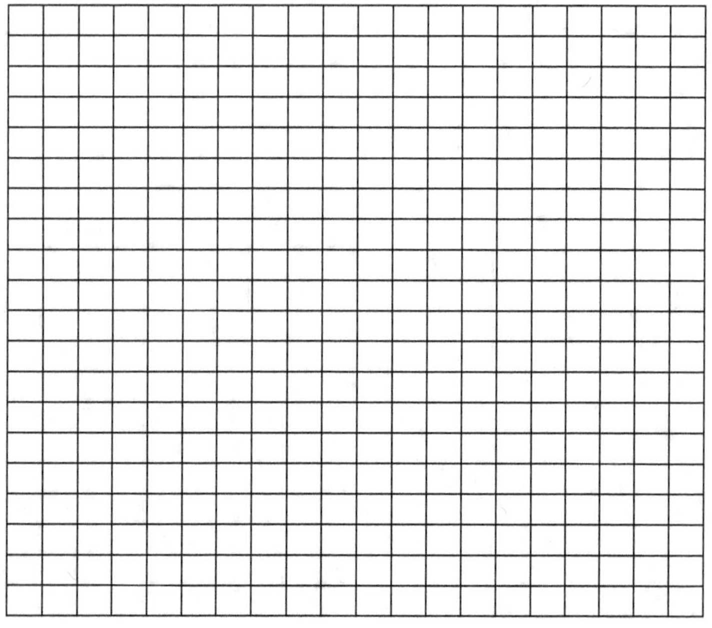

Notes:

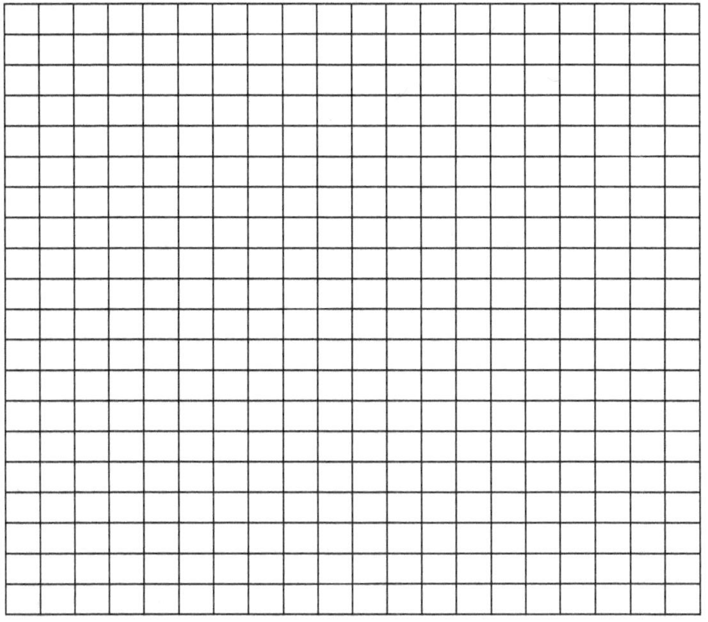

Notes:

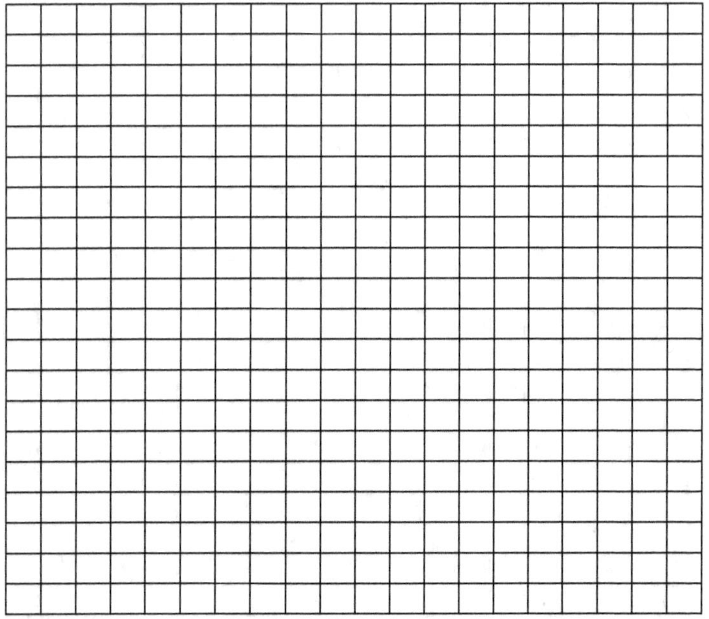

Notes:

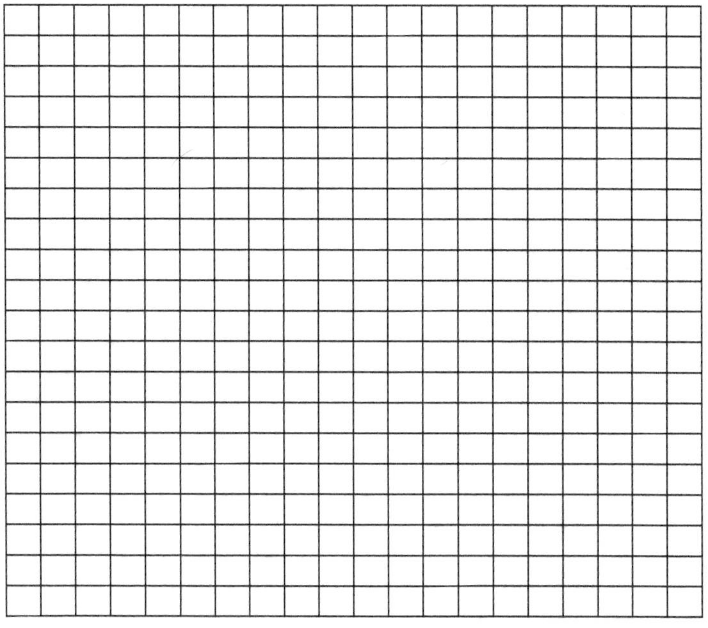

Notes:

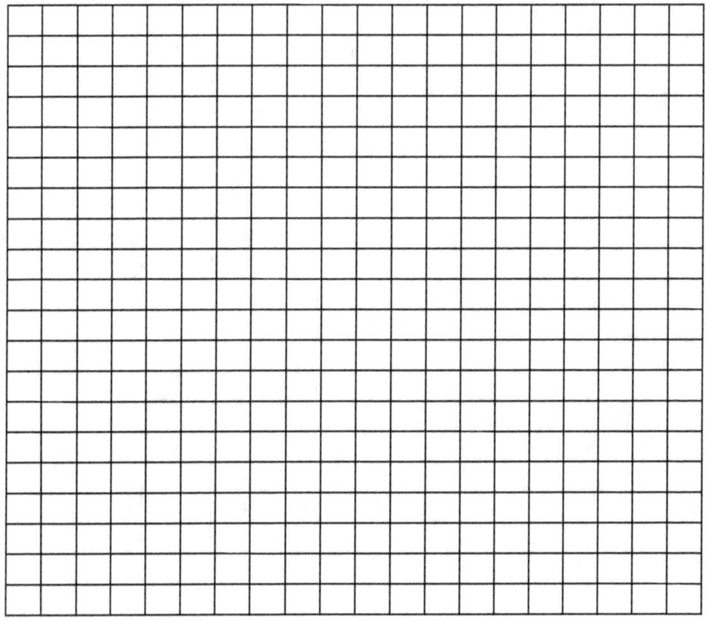

Notes:

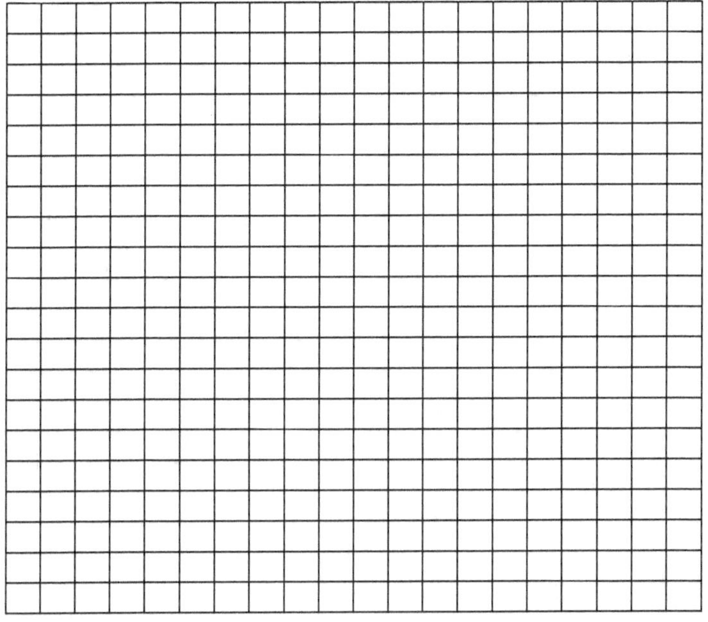

Notes:

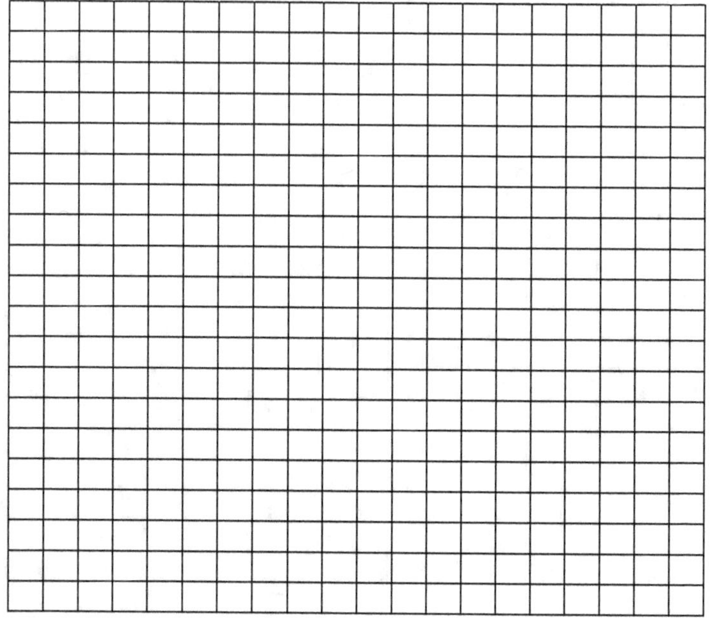

Notes:

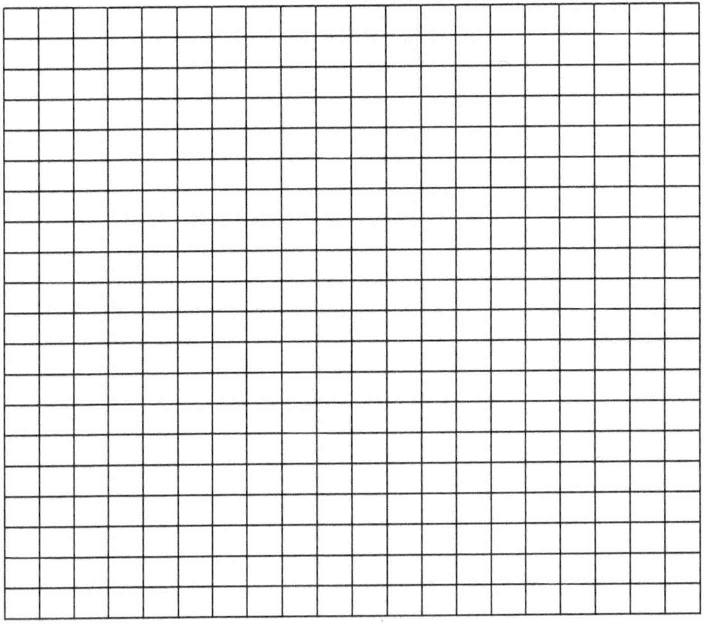

Notes:

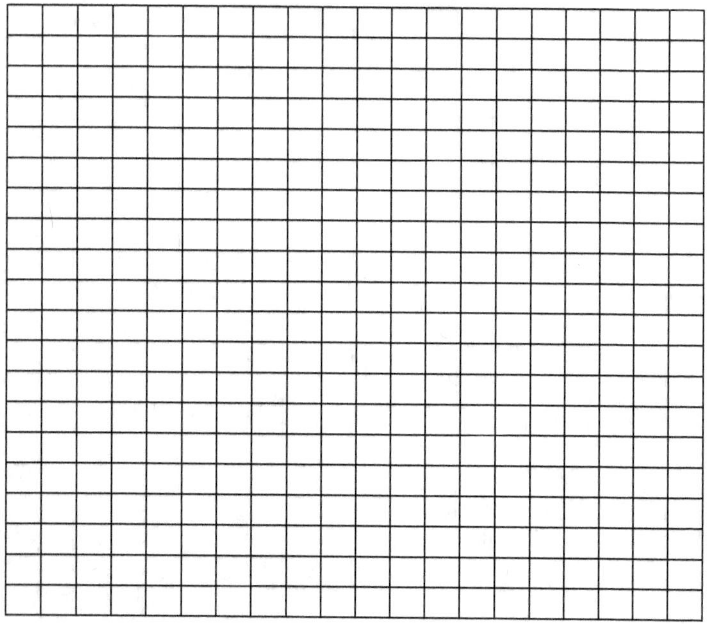

Notes:

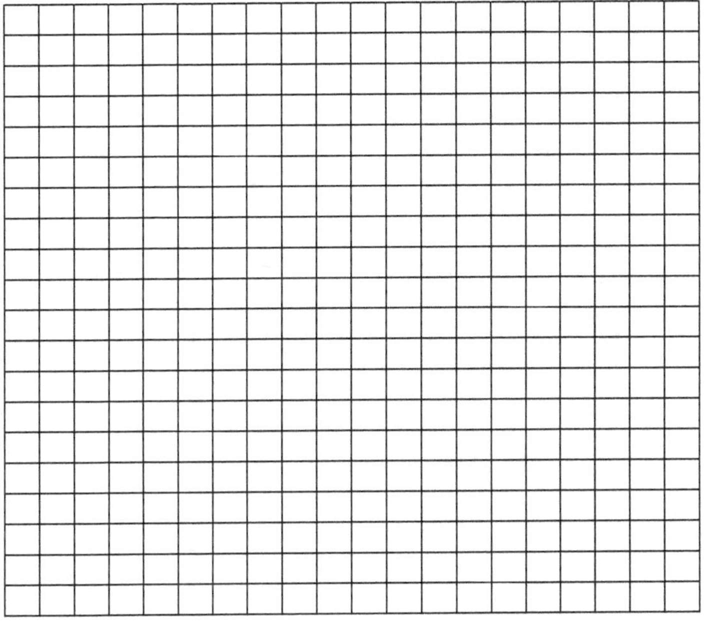

Notes:

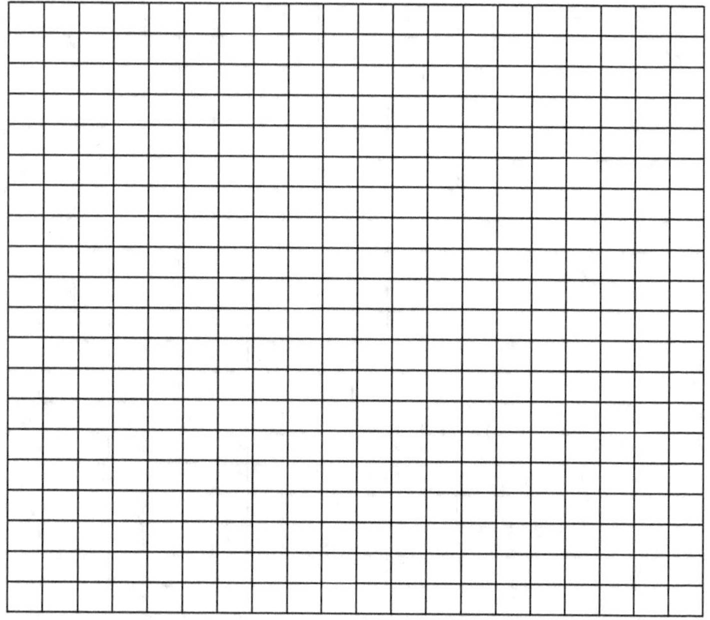

Notes:

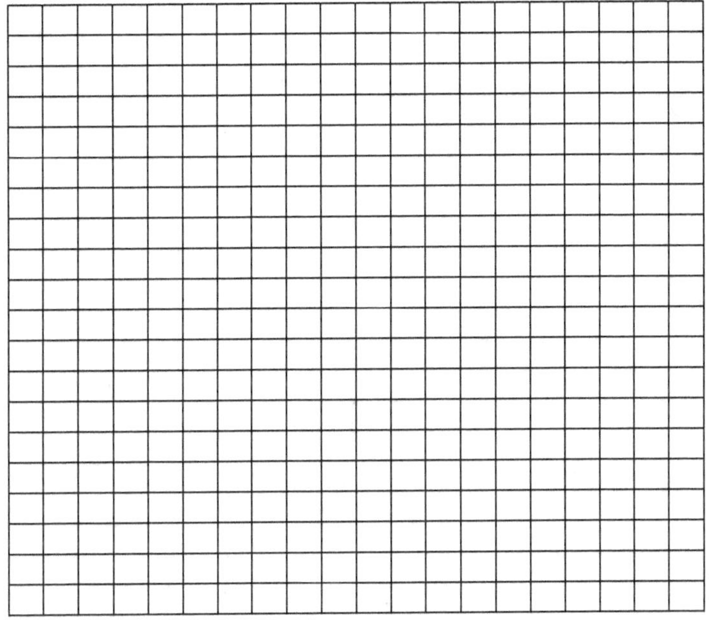

Notes:

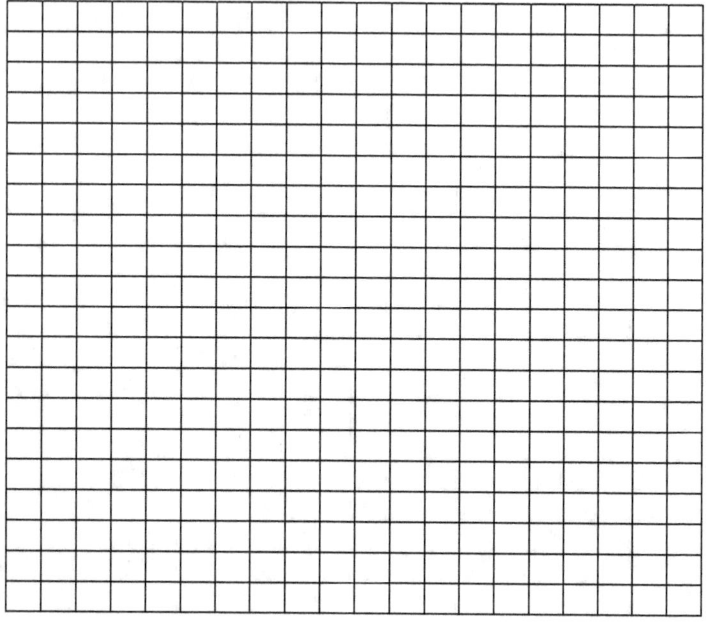

Notes:

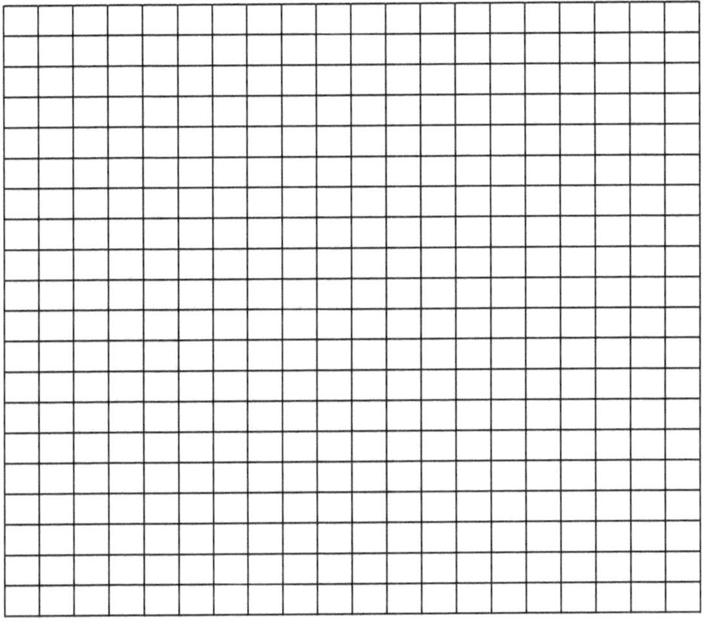

Notes:

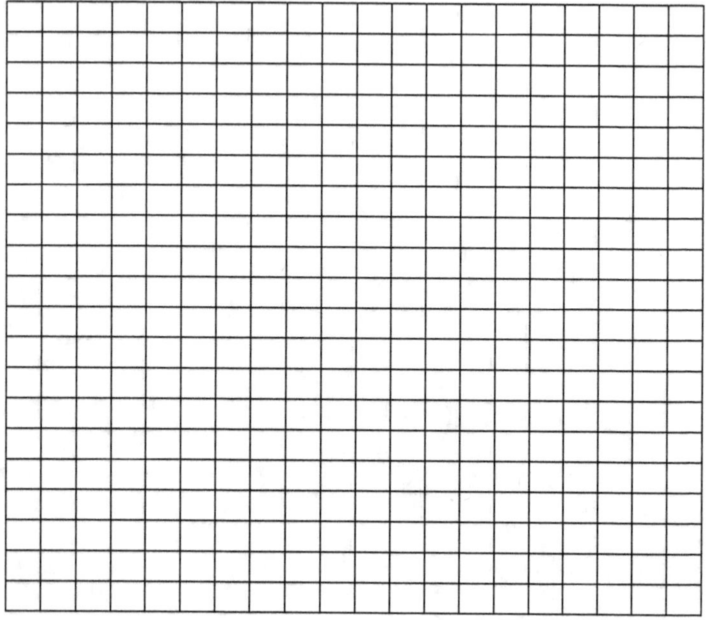

Notes:

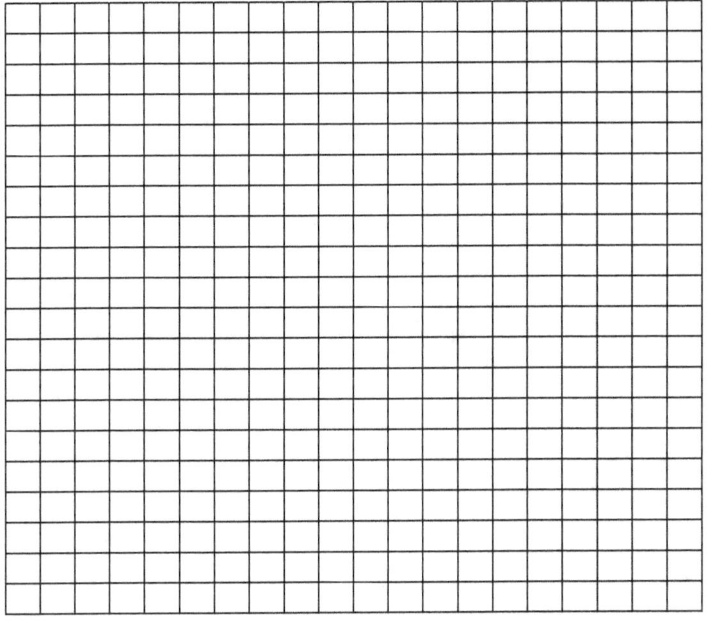

Notes:

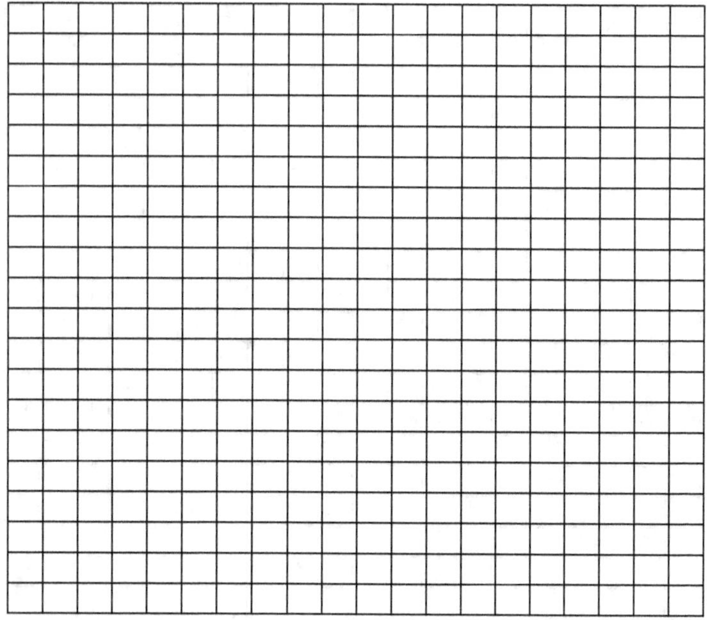

Notes:

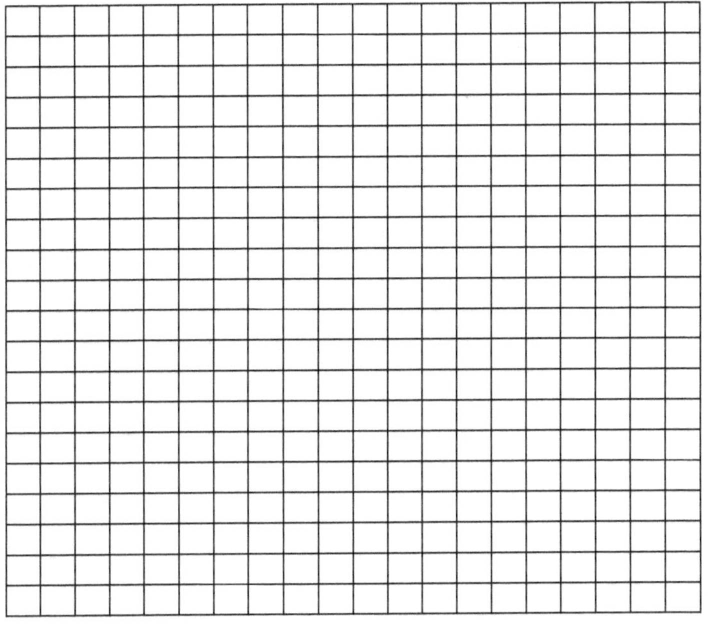

Notes:

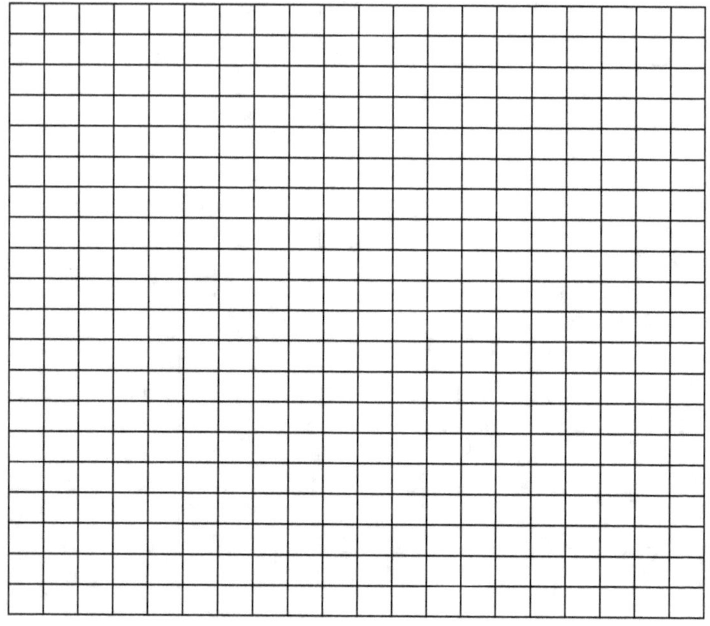

Notes:

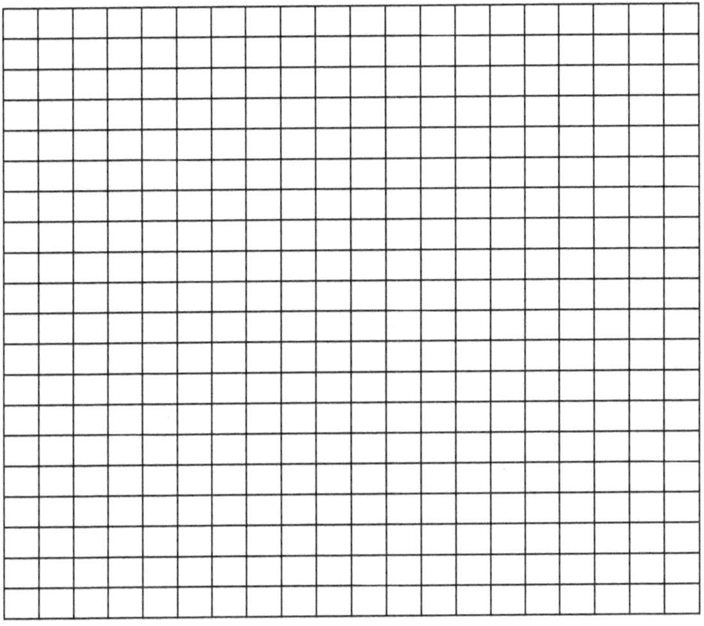

Notes:

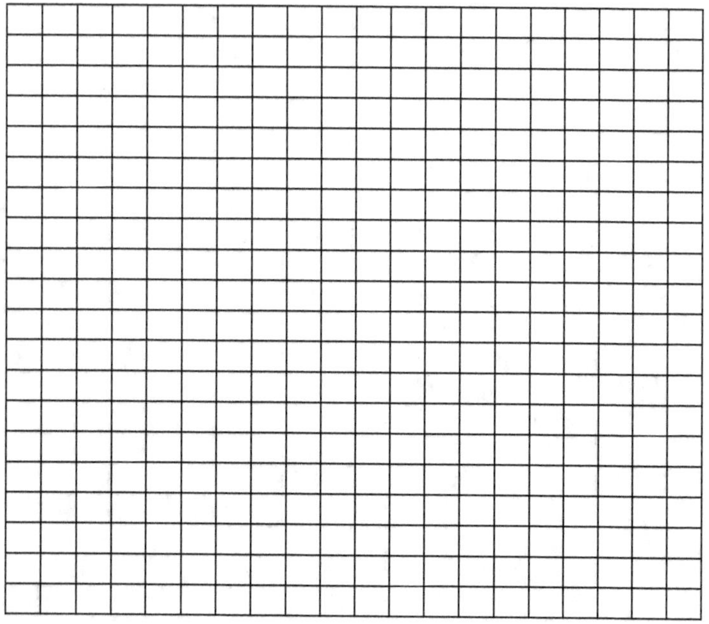

Notes:

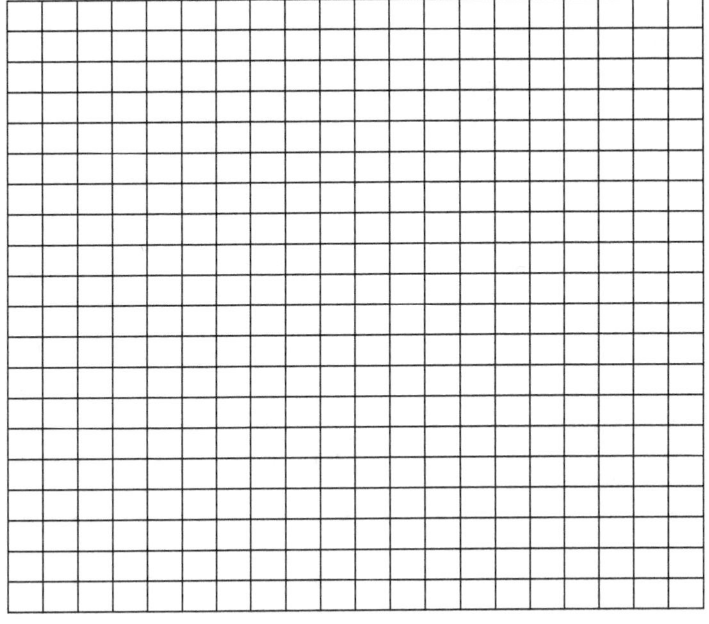

Notes:

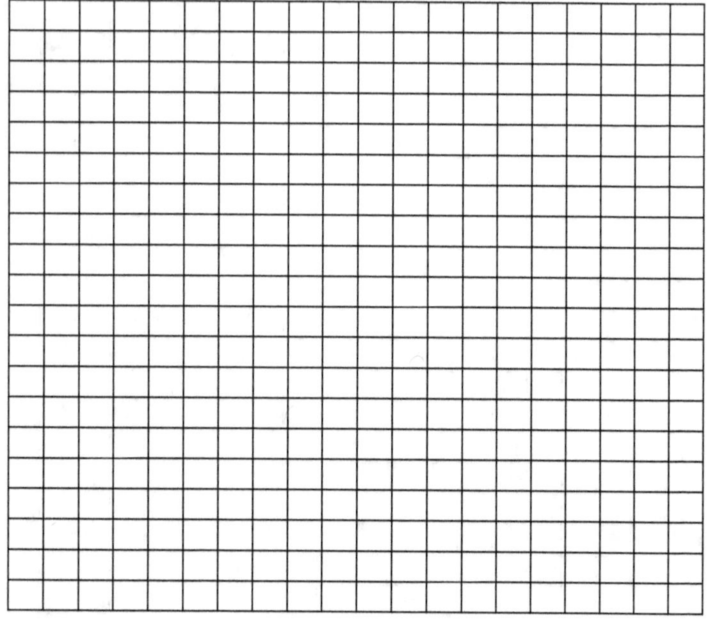

Notes:

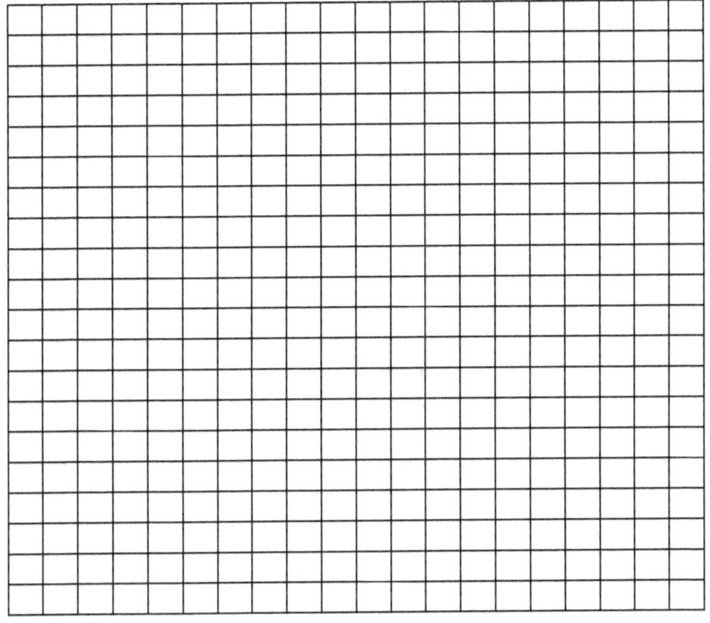

Notes:

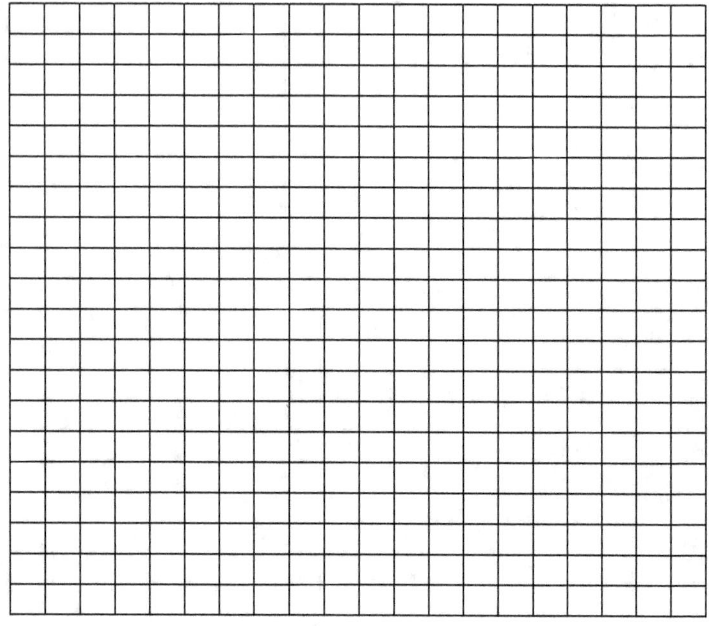

Notes:

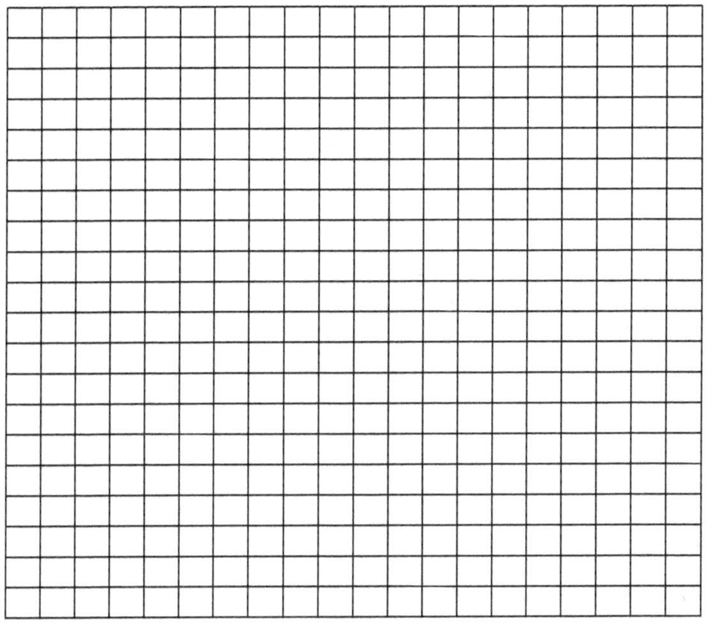

Notes:

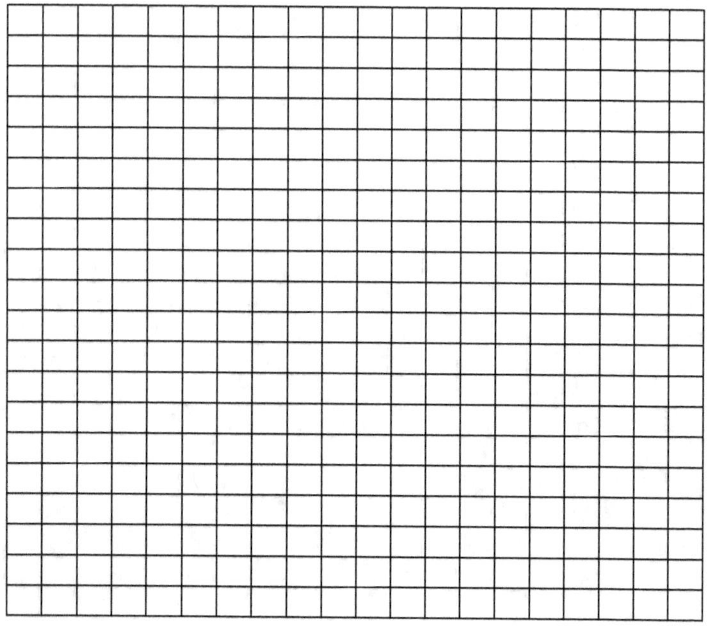

Notes:

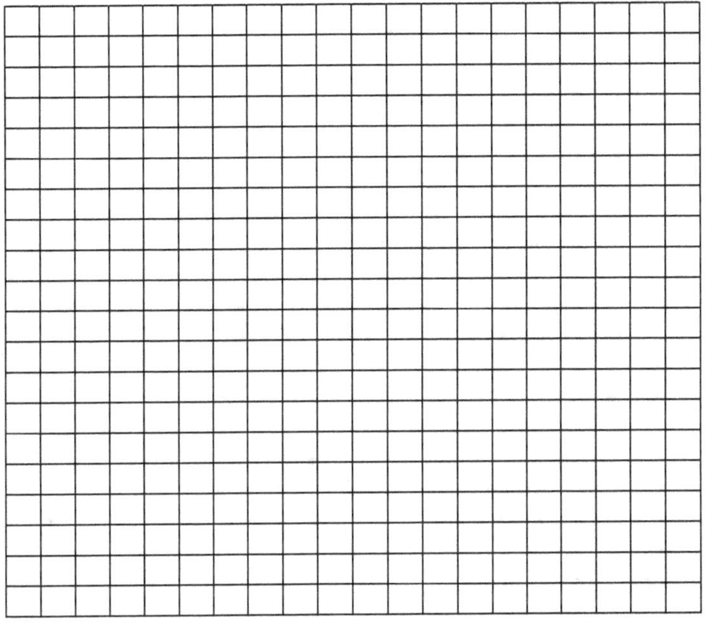

Notes:

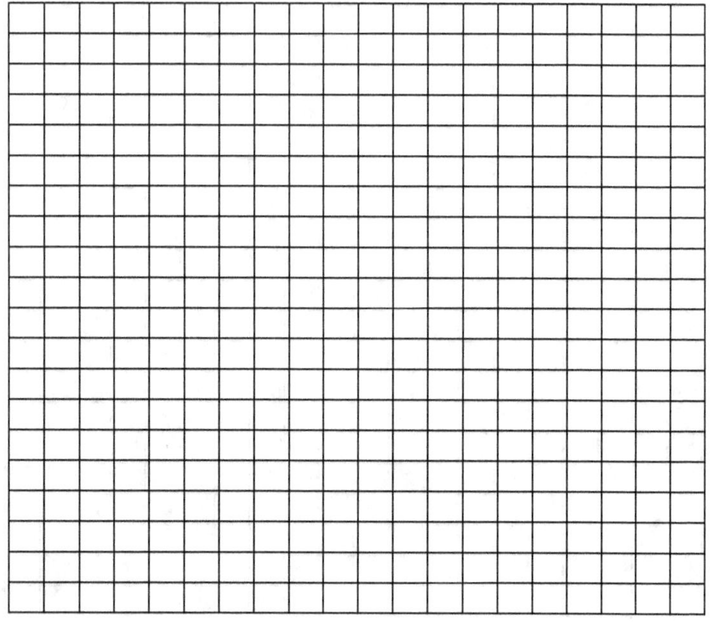

Notes:

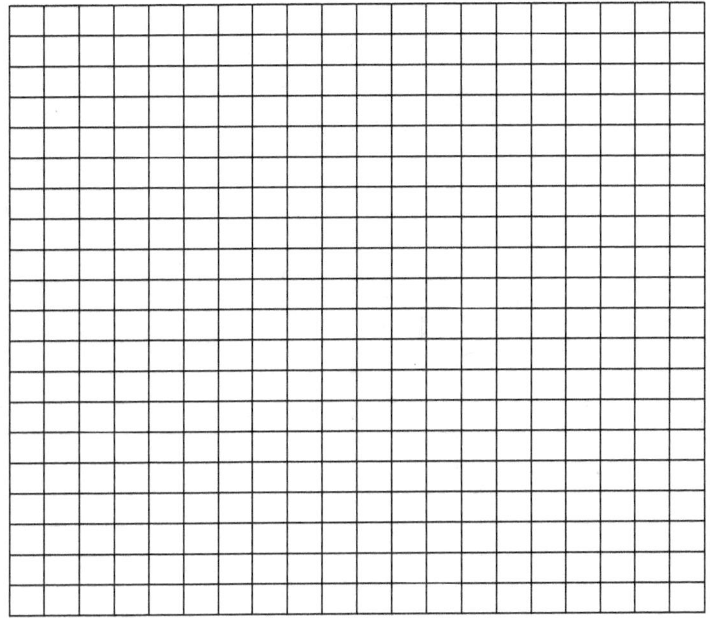

Notes:

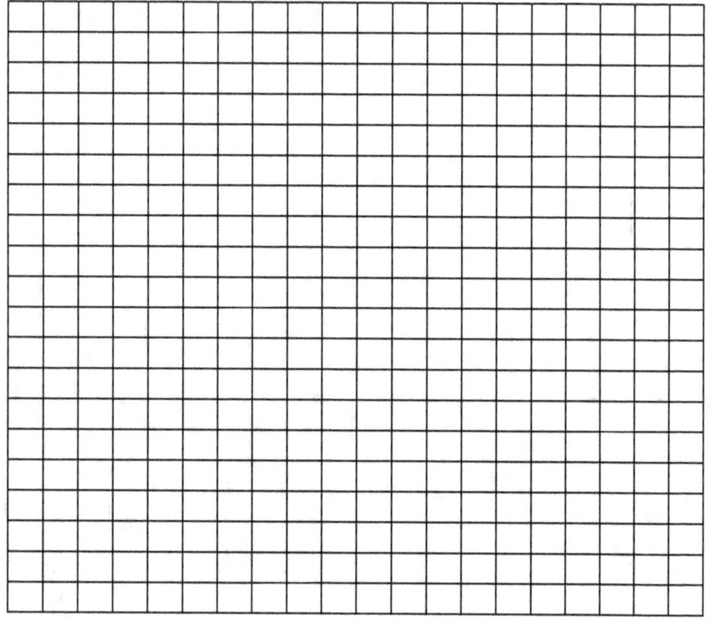

Notes:

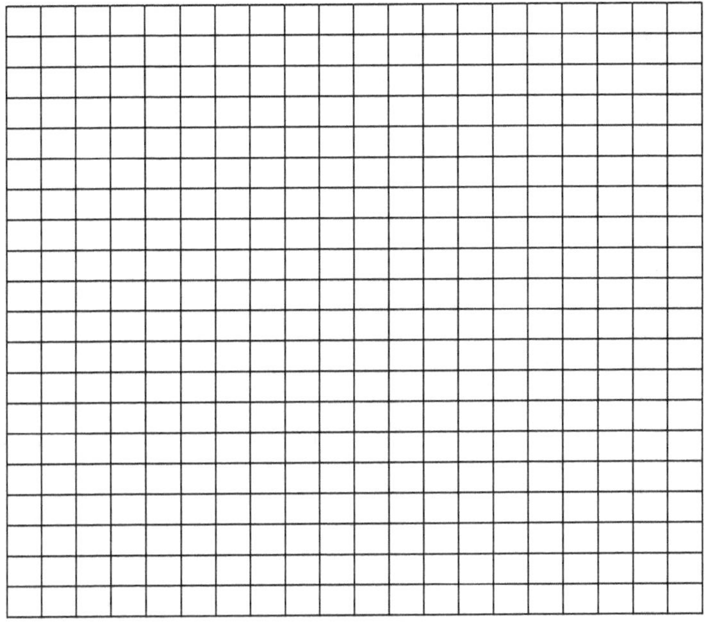

Notes:

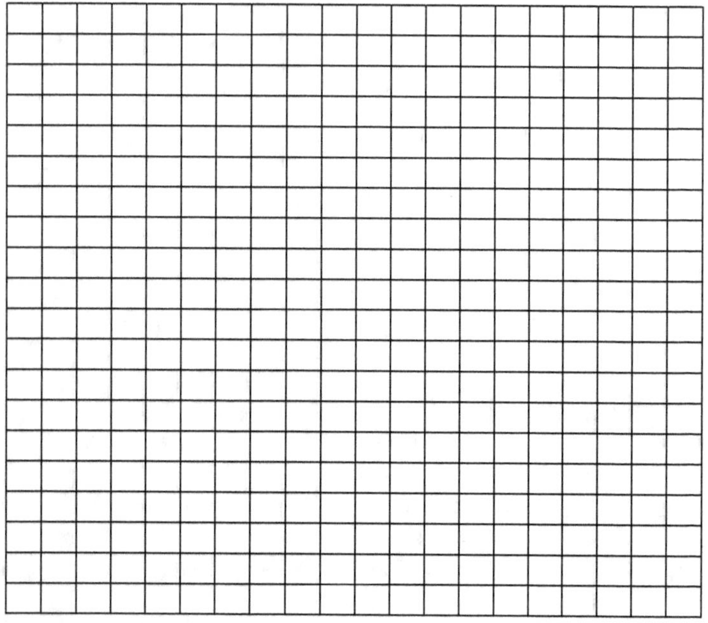

Notes:

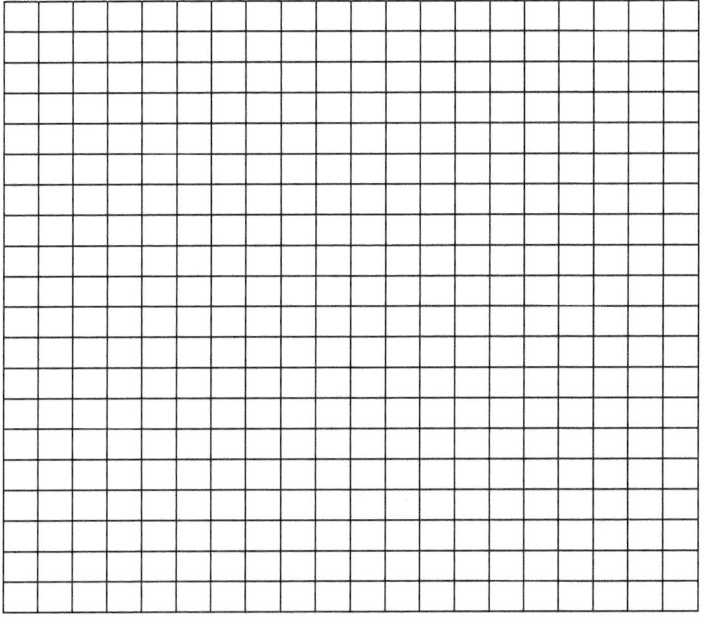

Notes:

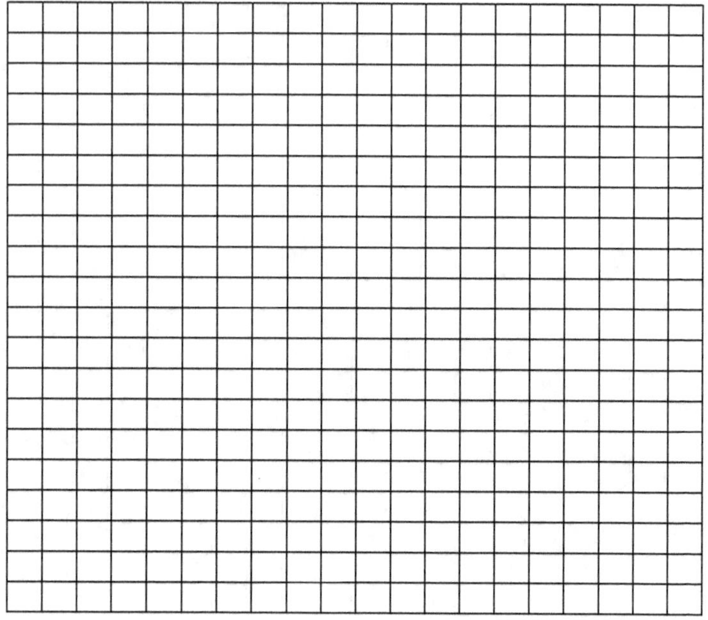

Notes:

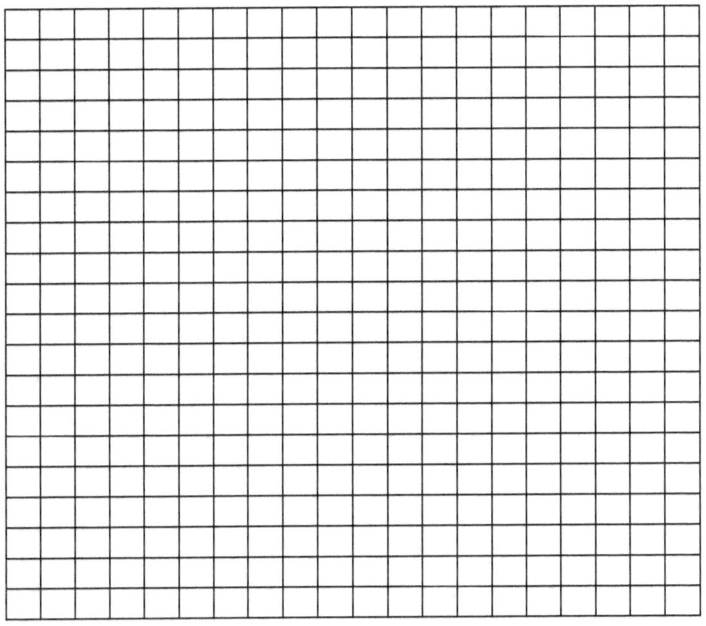

Notes:

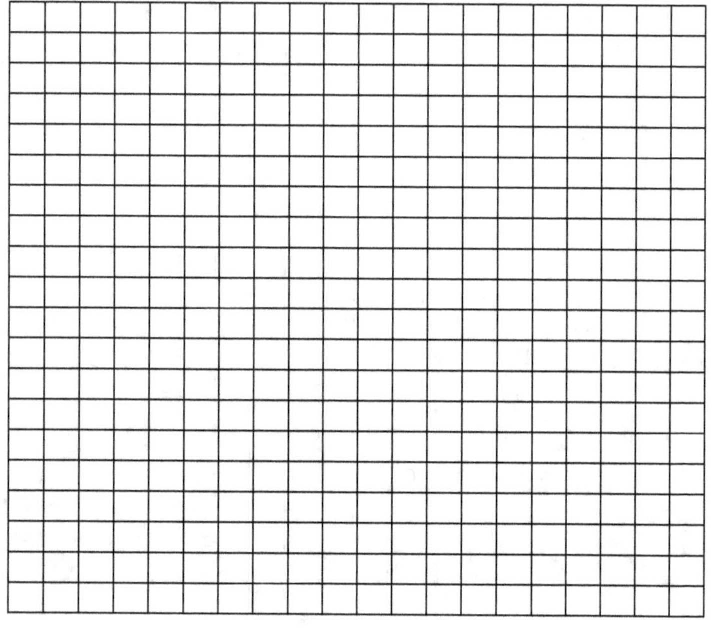

Notes:

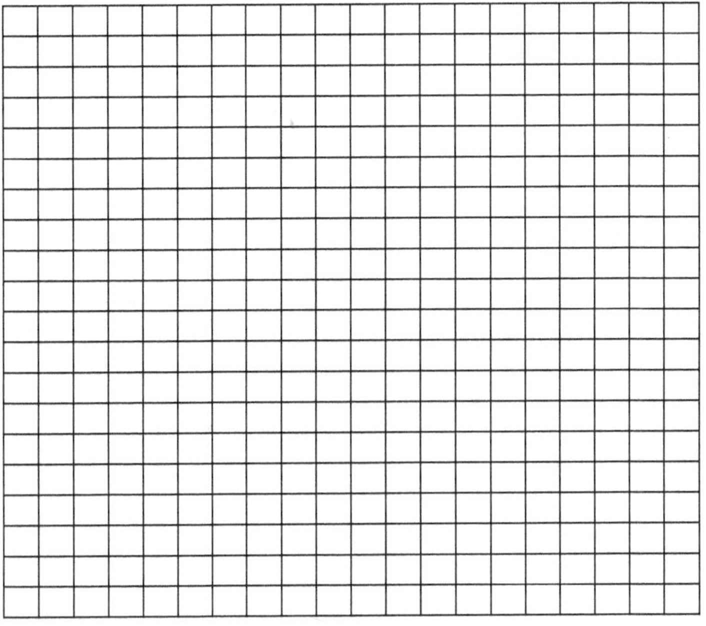

Notes:

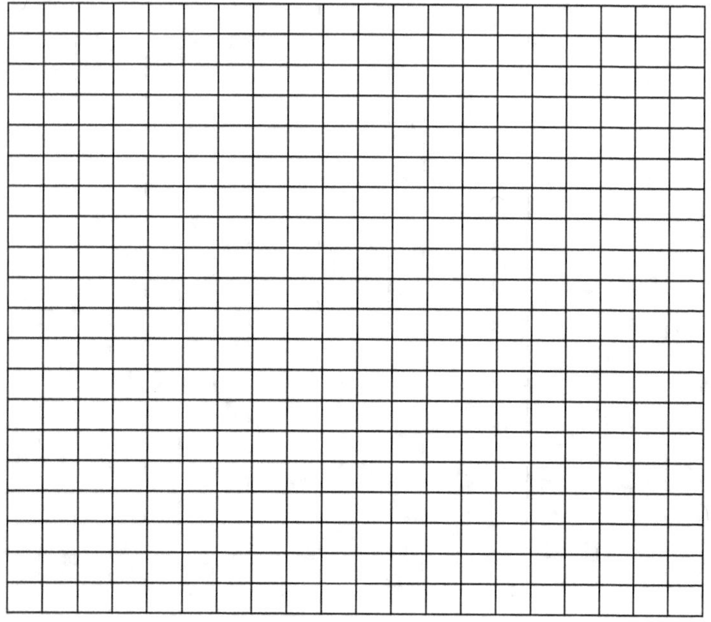

Notes:

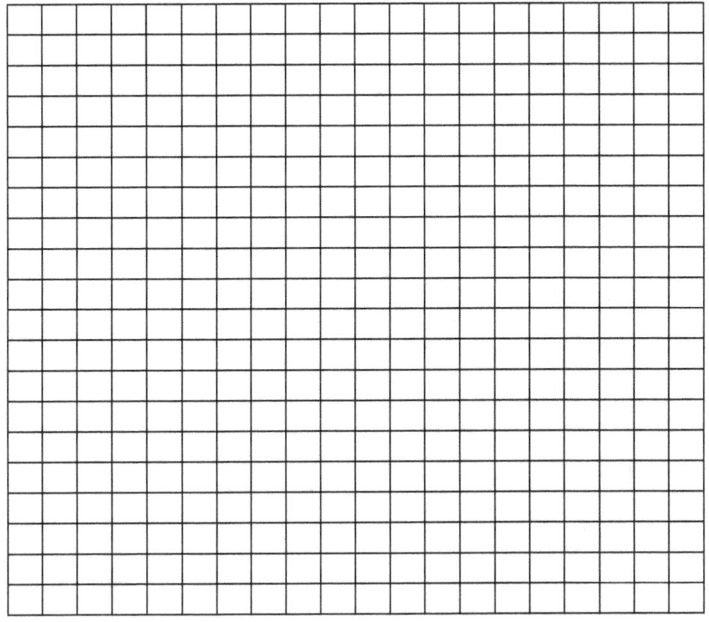

Notes:

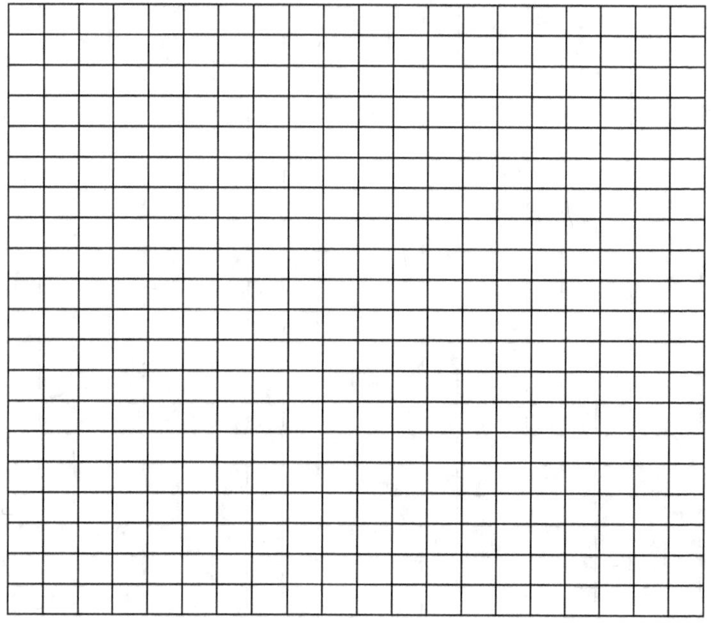

Notes:

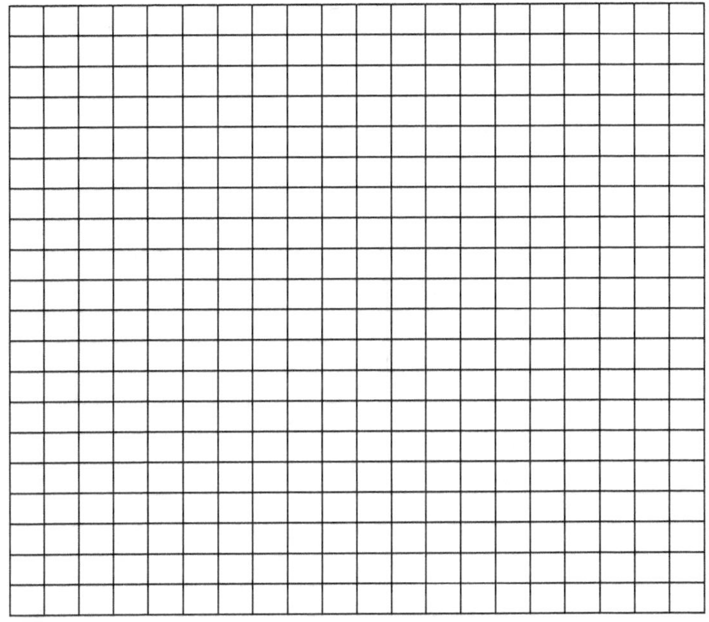

Notes:

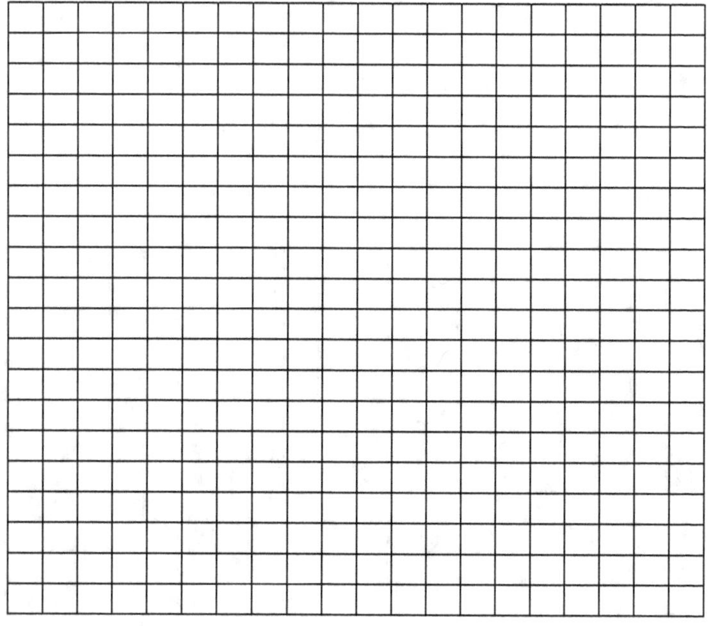

Notes:

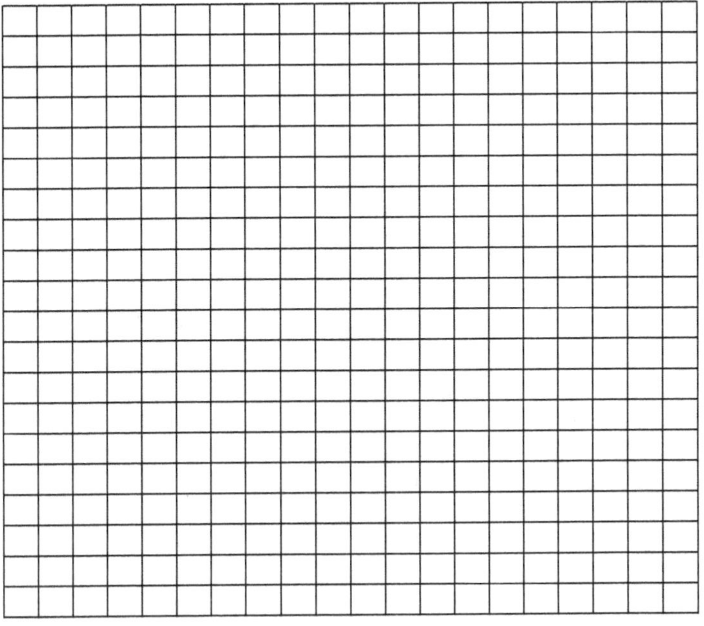

Notes:

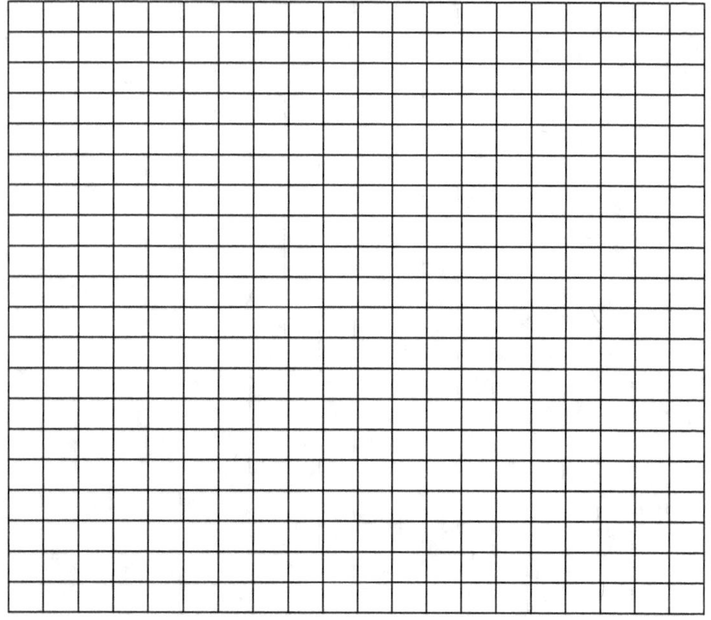

Notes:

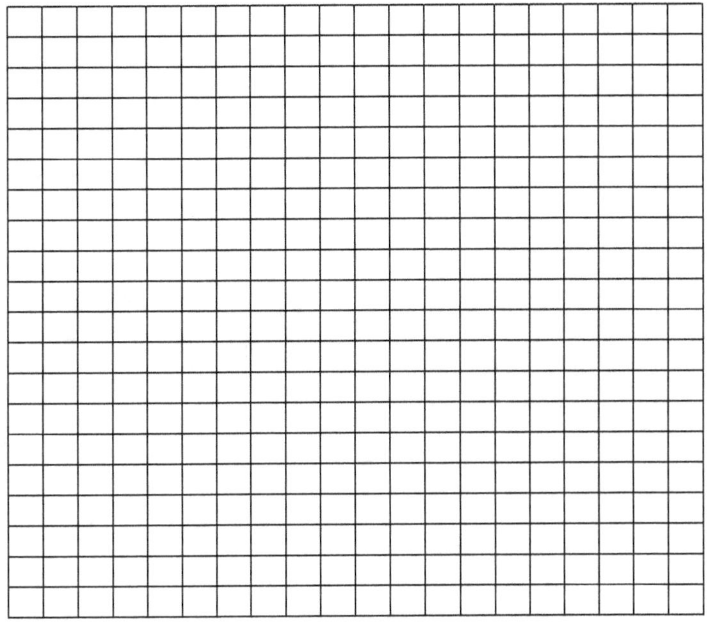

Notes:

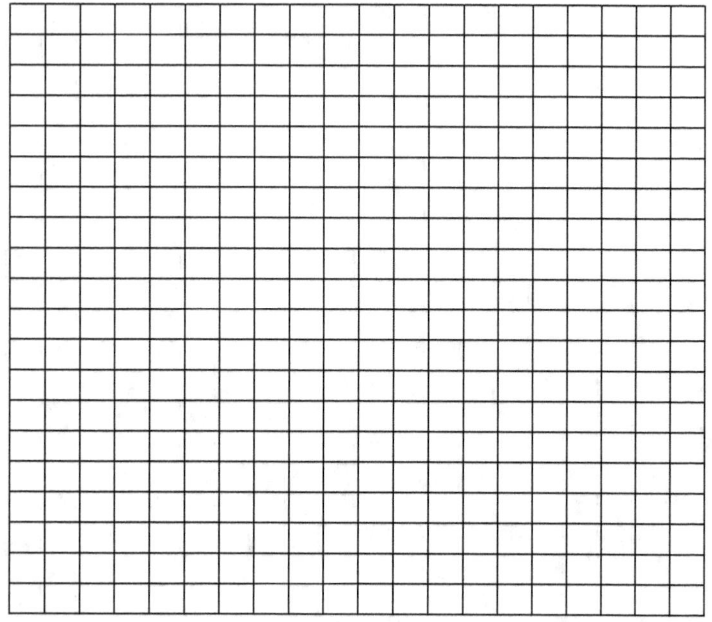

Notes:

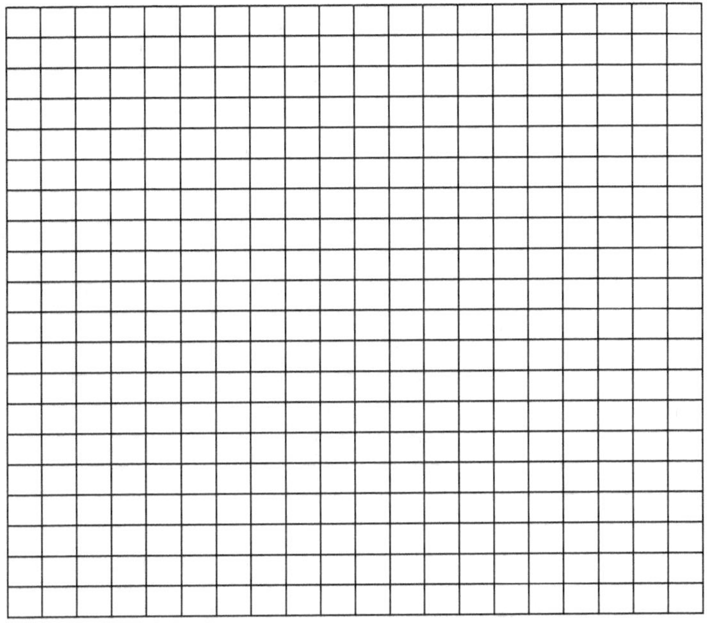

Notes:

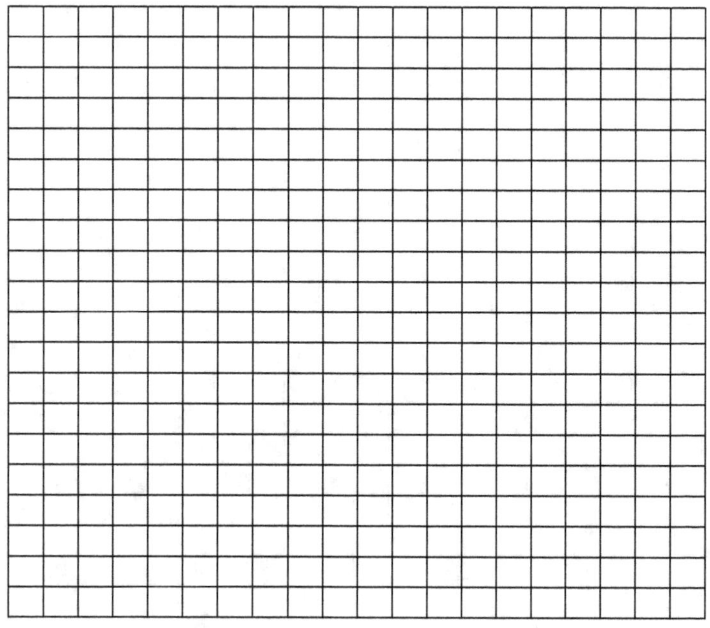

Notes:

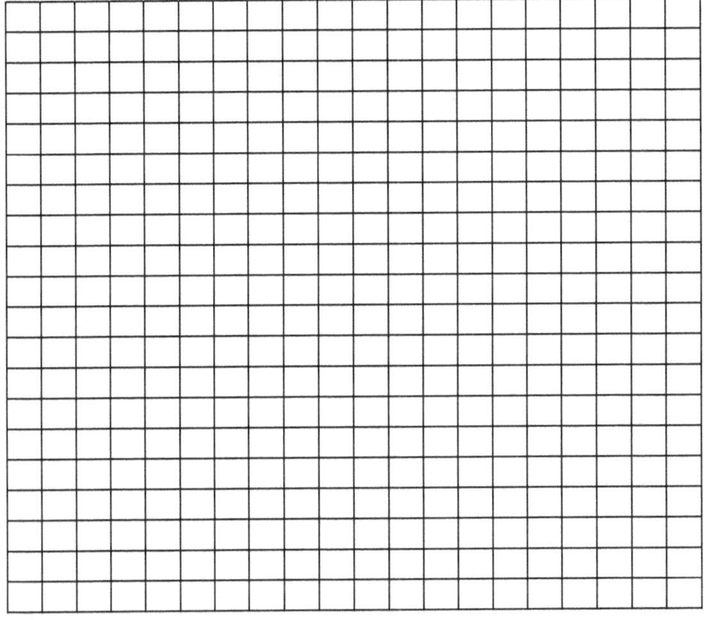

Notes:

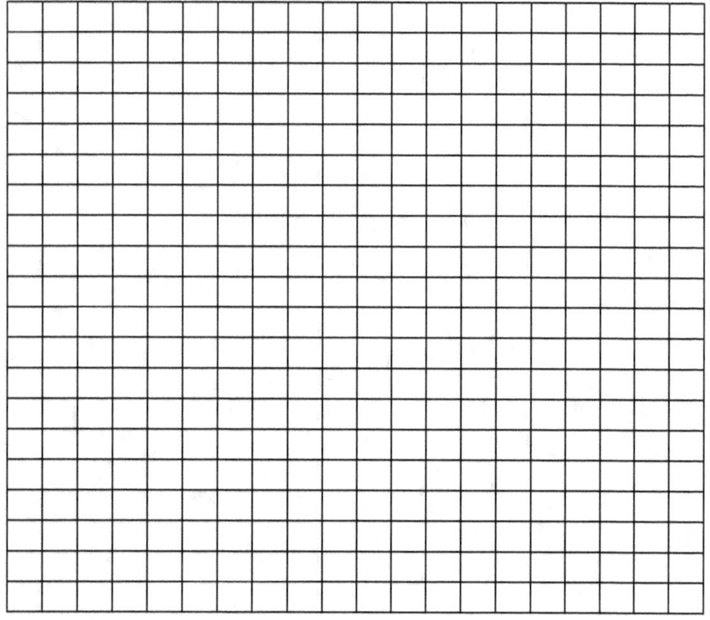

Notes:

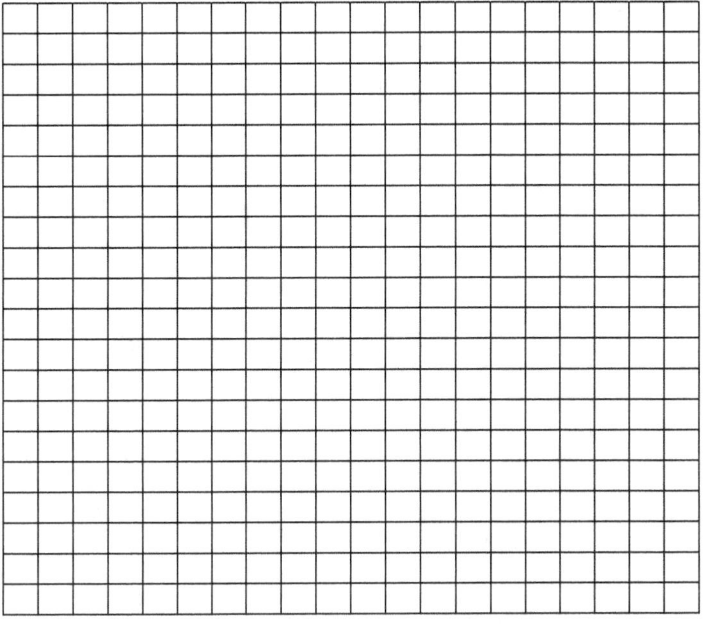

Notes:

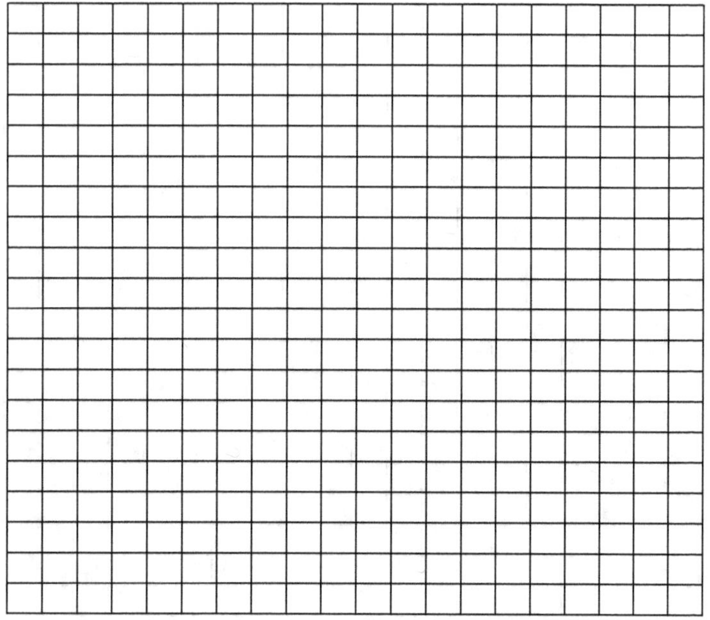

Notes:

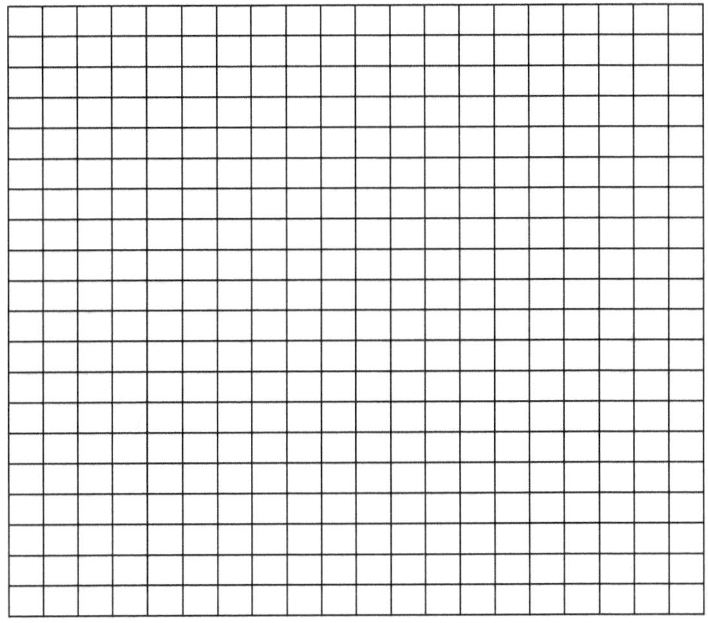

Notes:

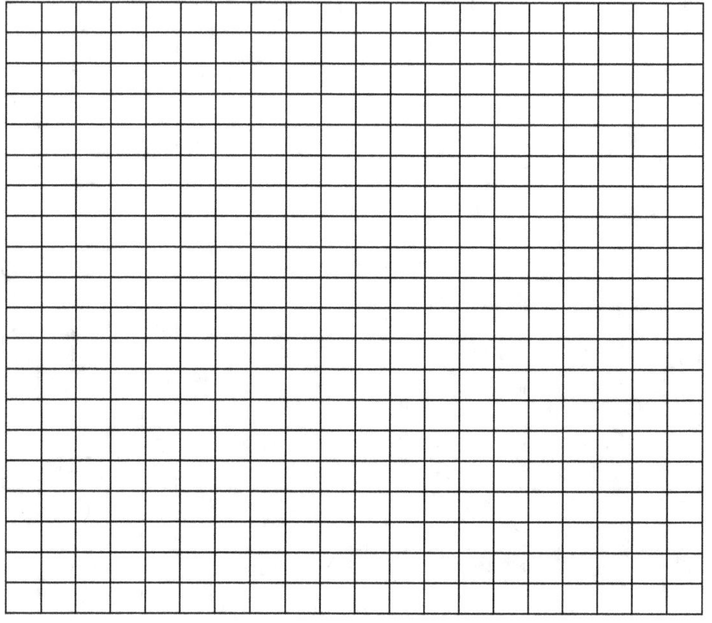

Notes:

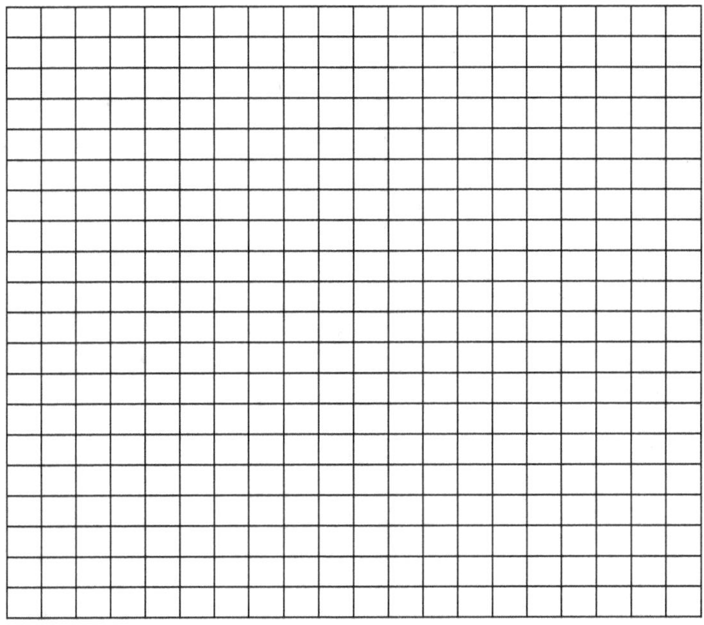

Notes:

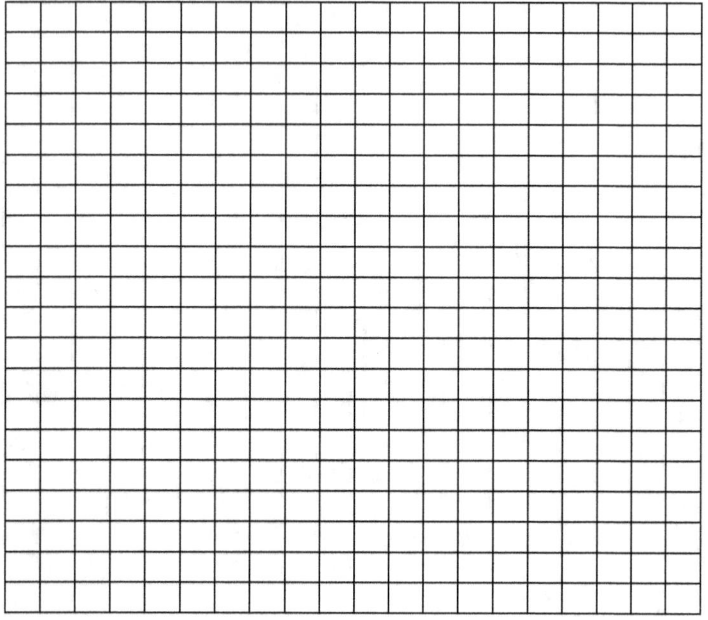

Notes:

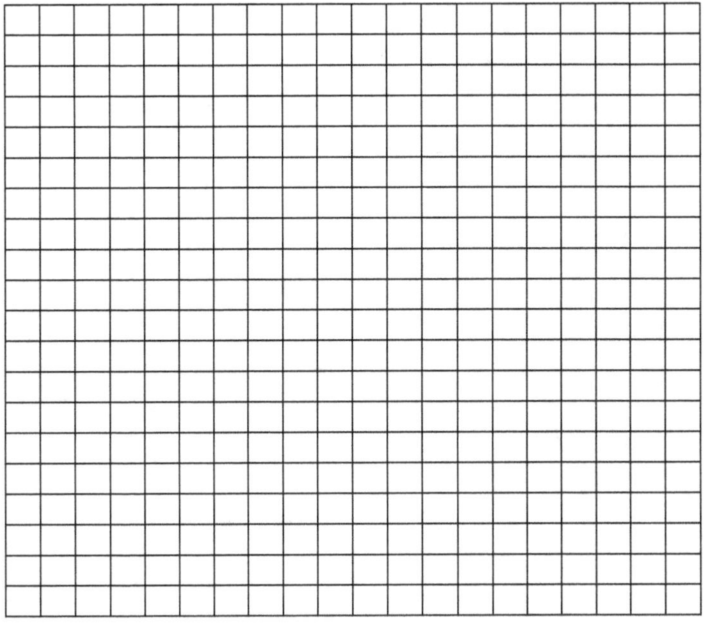

Notes:

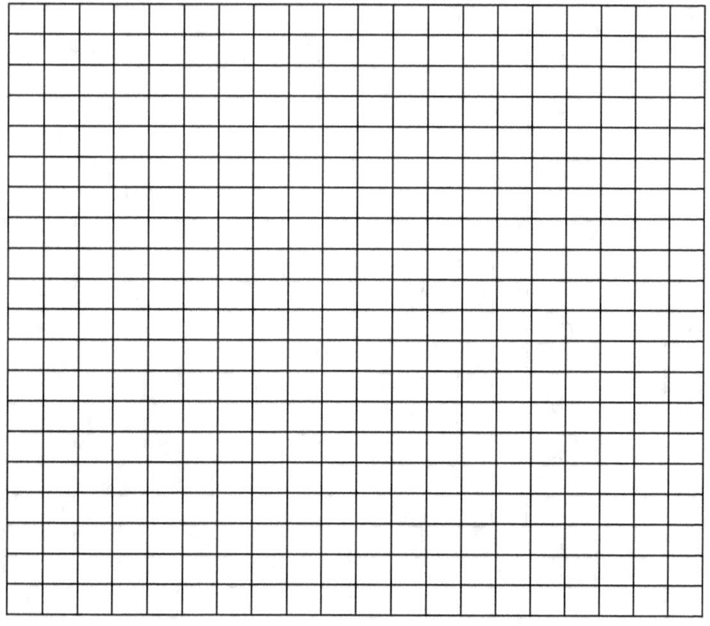

Notes:

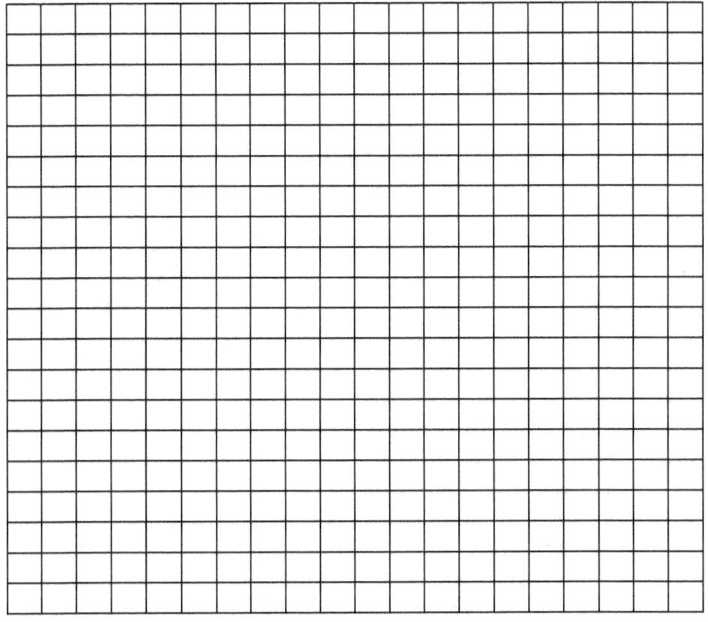

Notes:

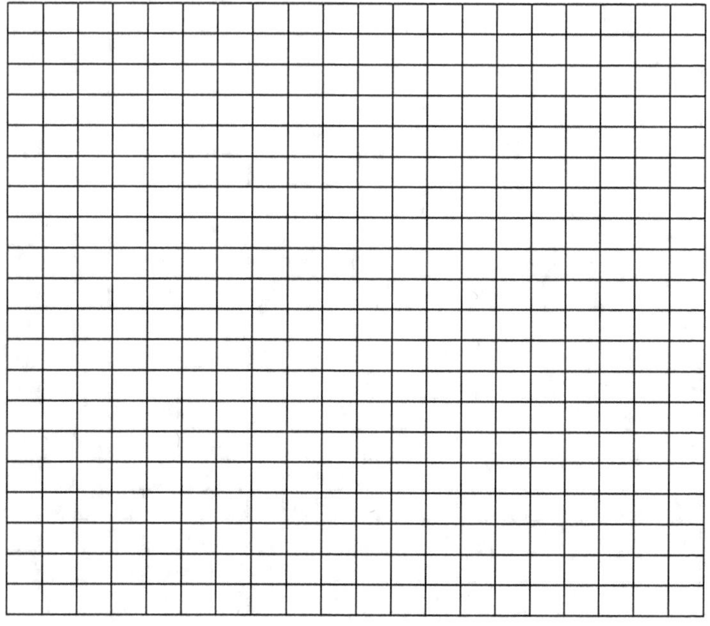

Notes:

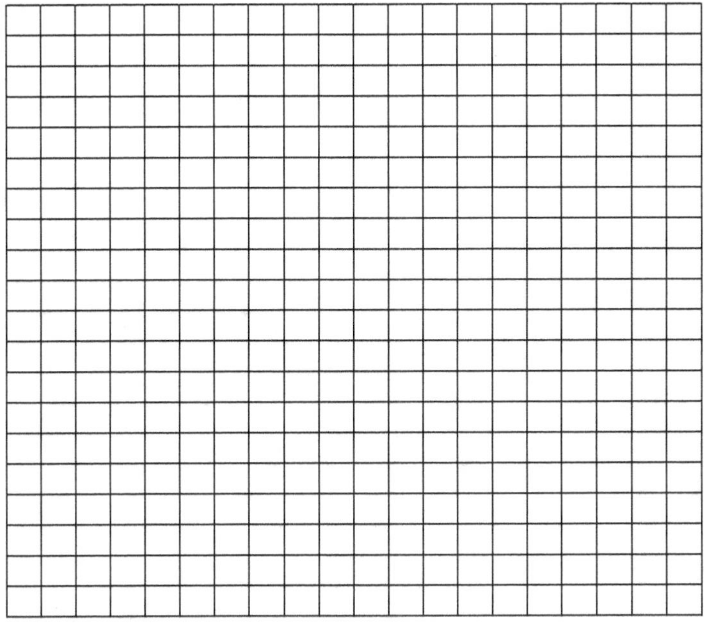

Notes:

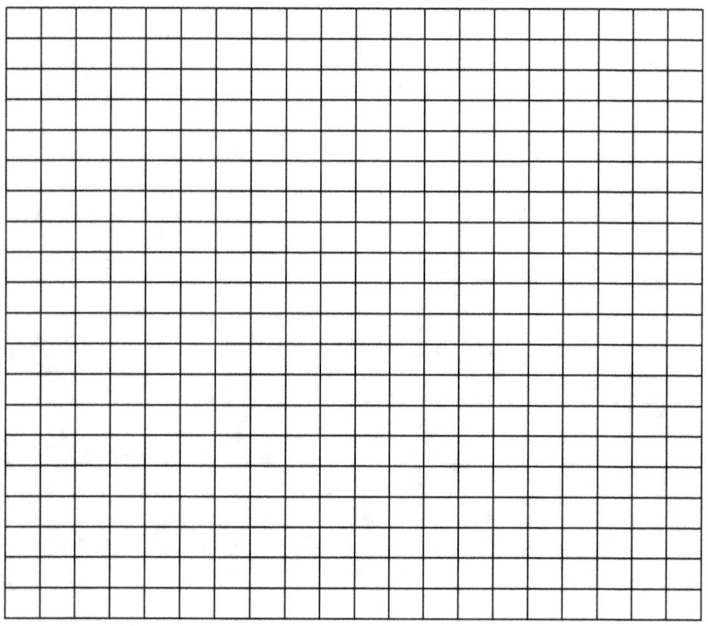

Notes:

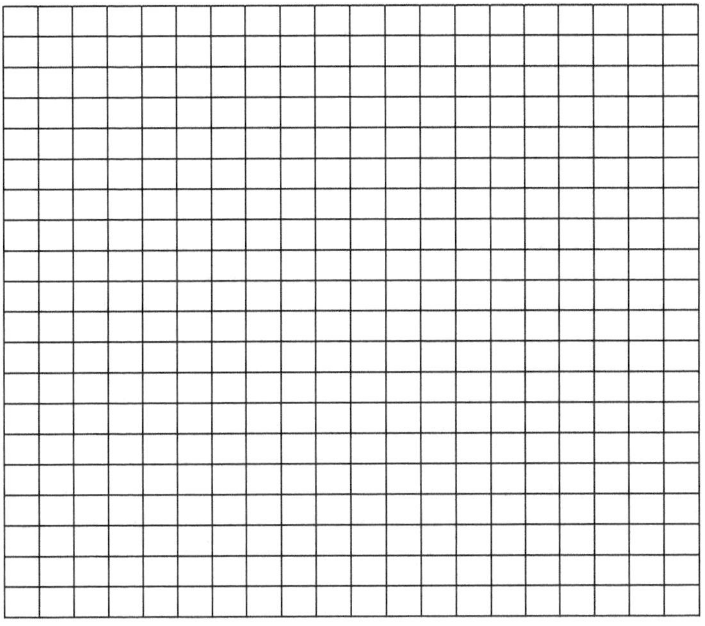

Notes:

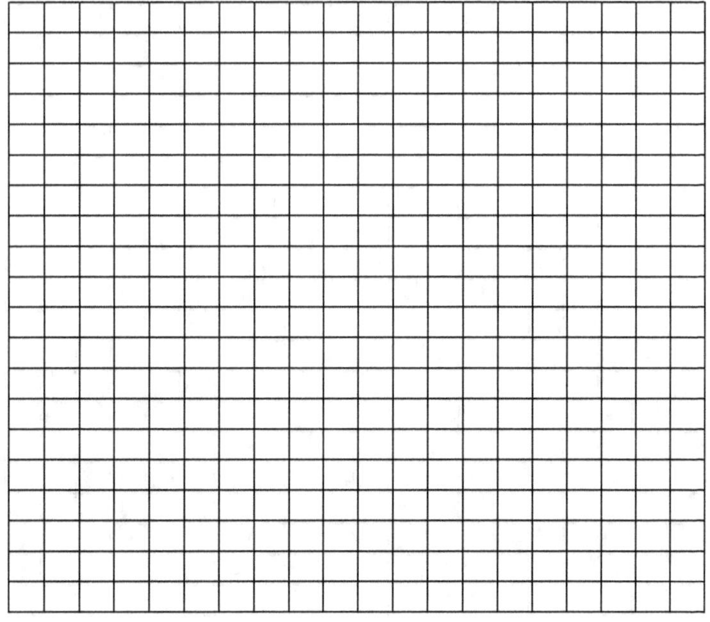

Notes:

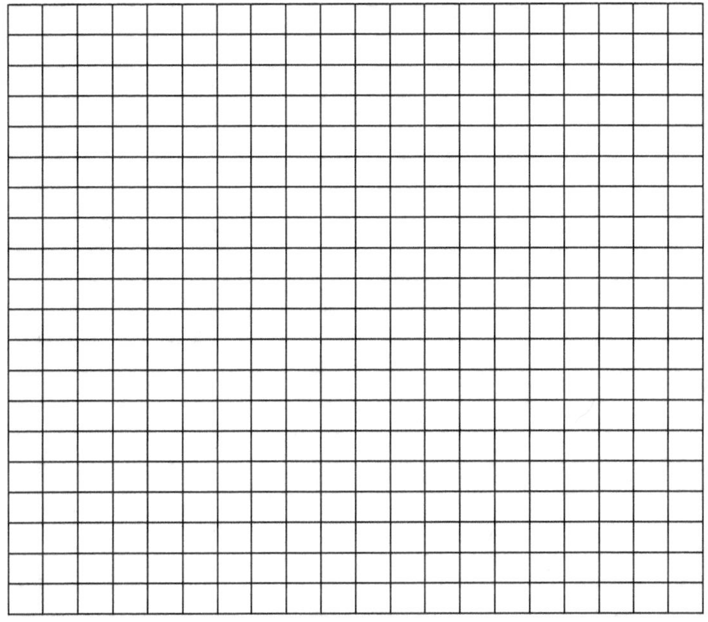

Notes:

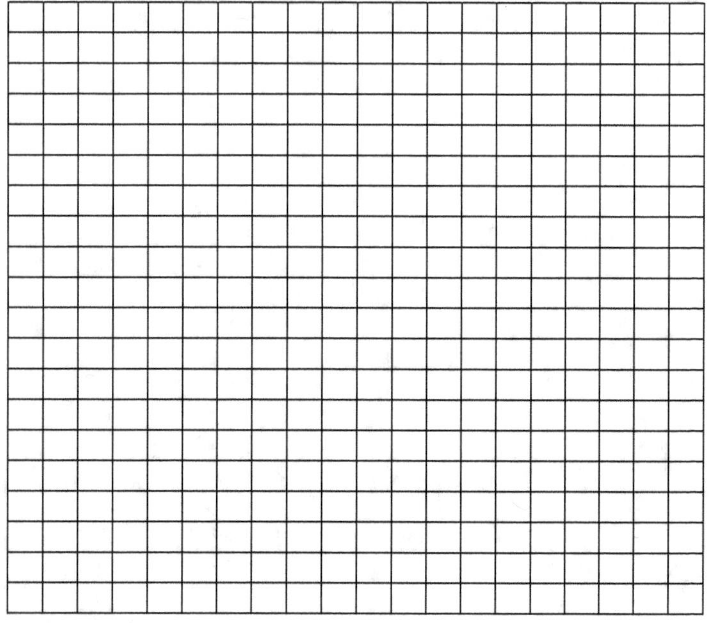

Notes:

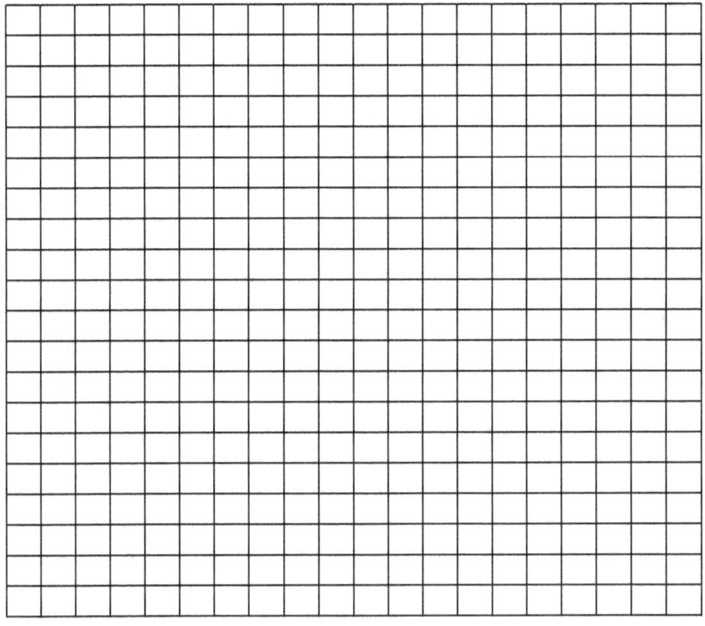

Notes:

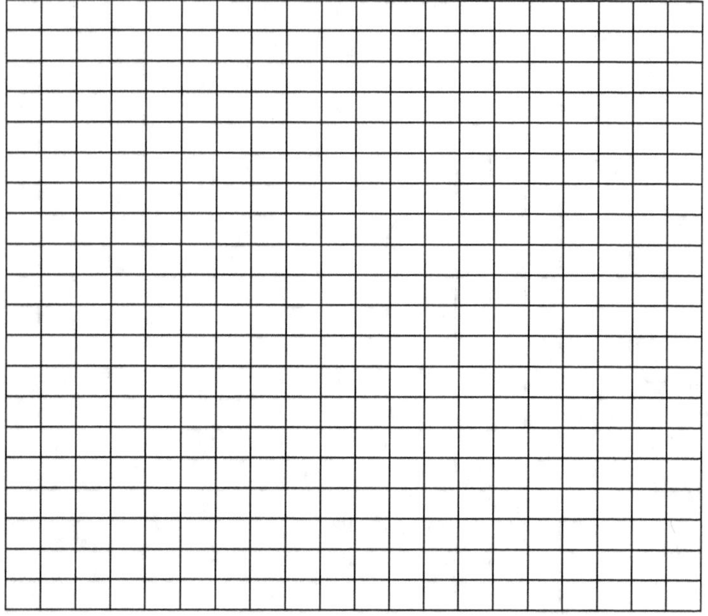

Notes:

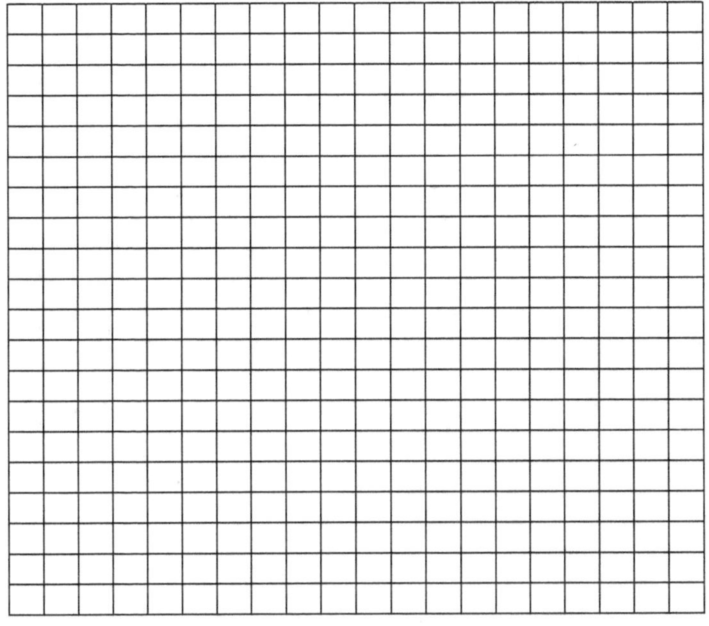

Notes:

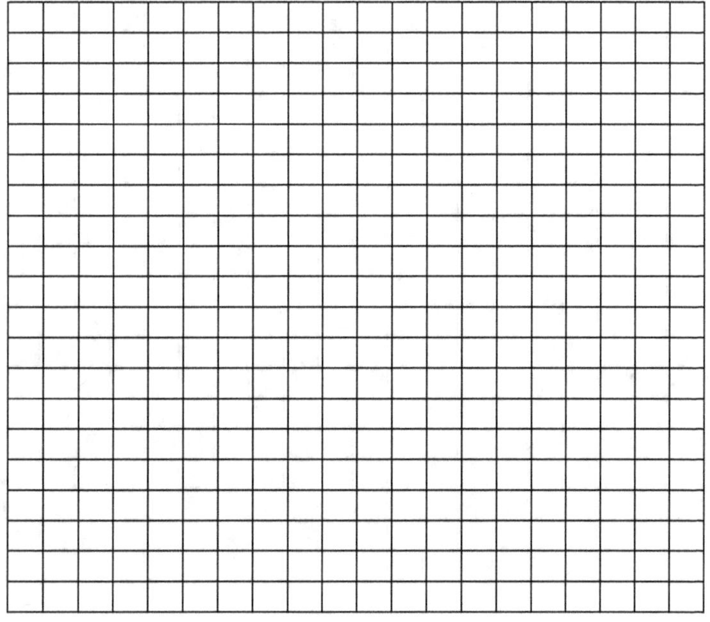

Notes:

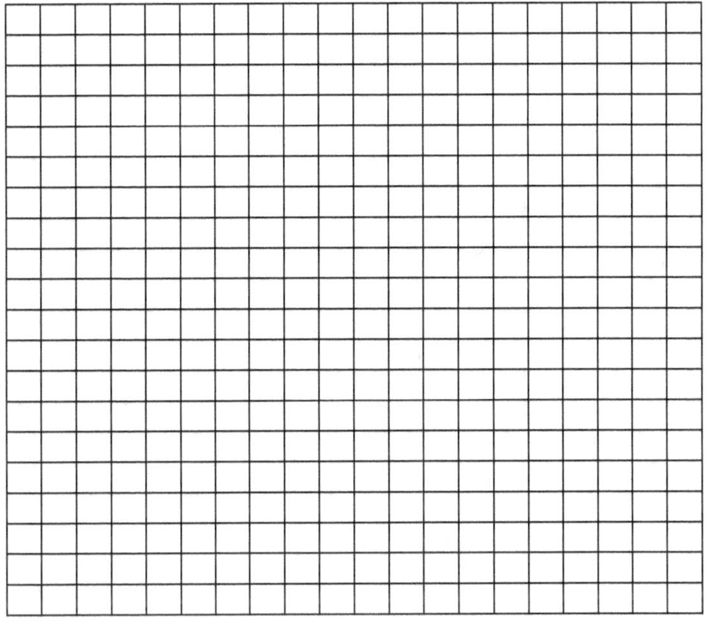

Notes:

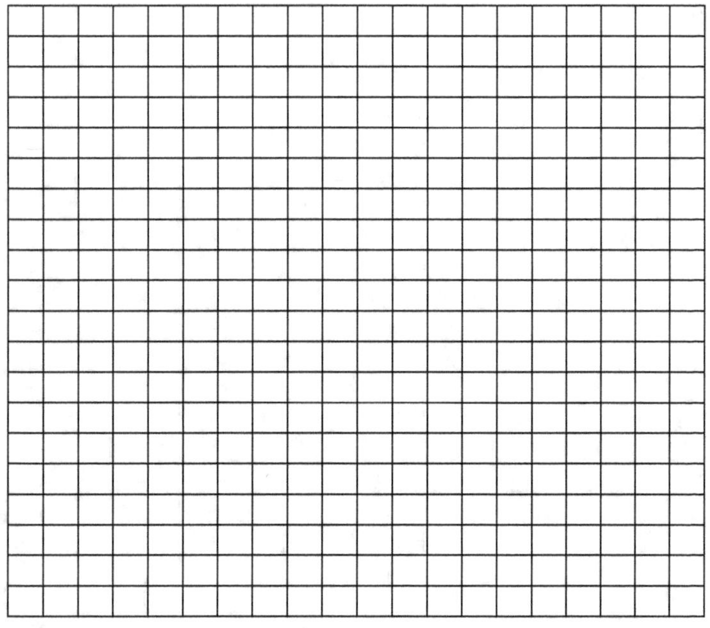

Notes:

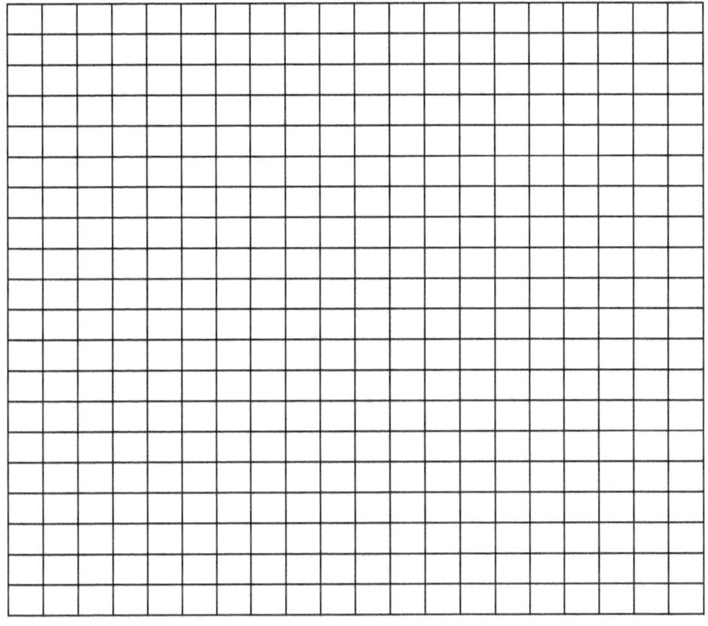

Notes:

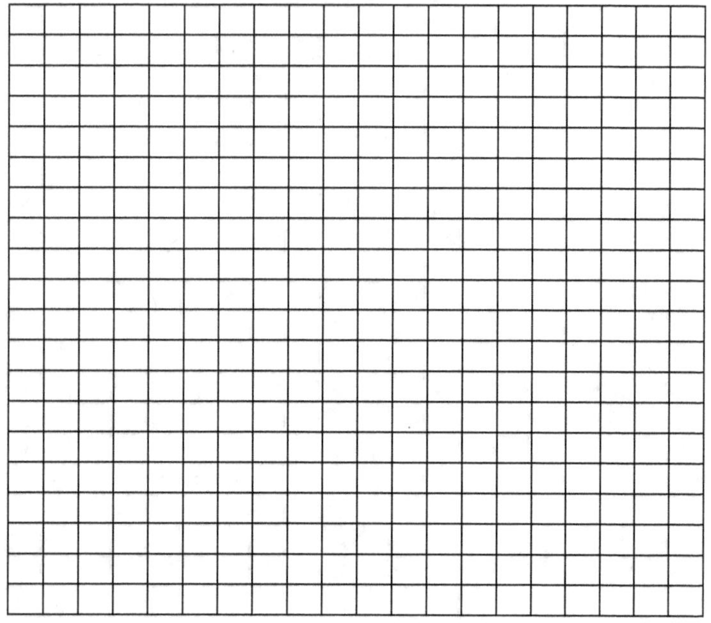

Notes:

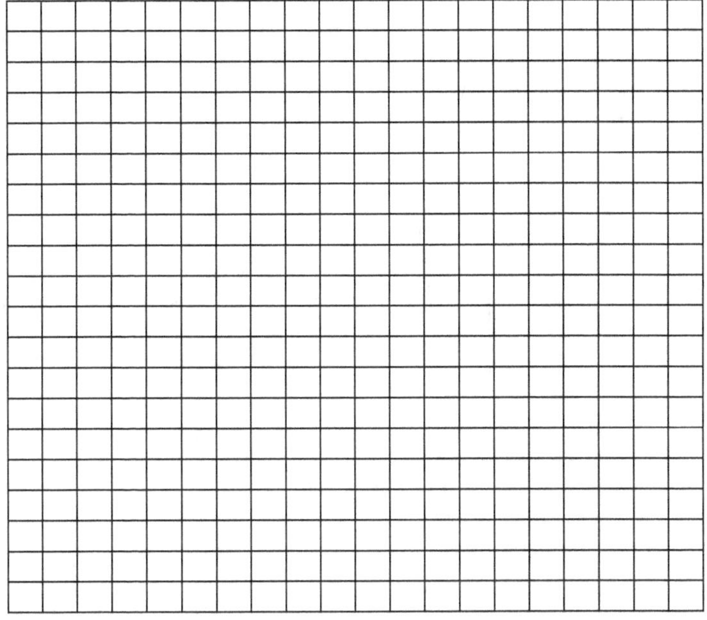

Notes:

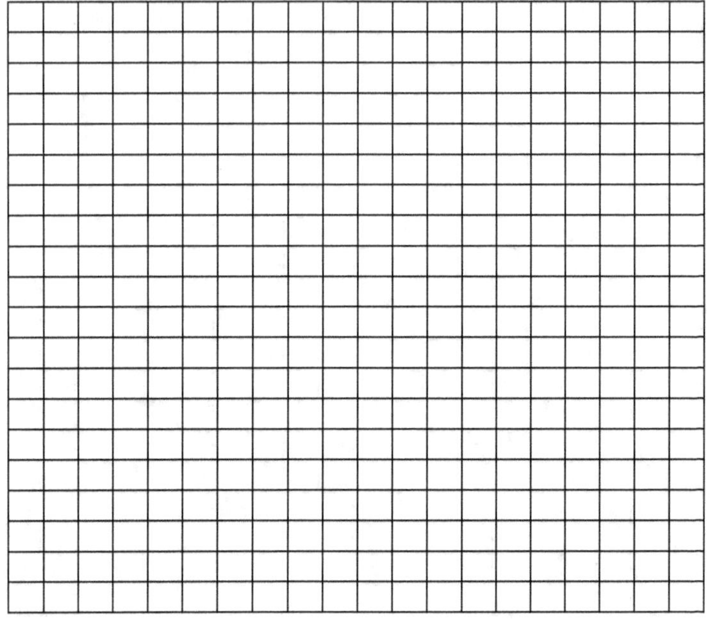

Notes:

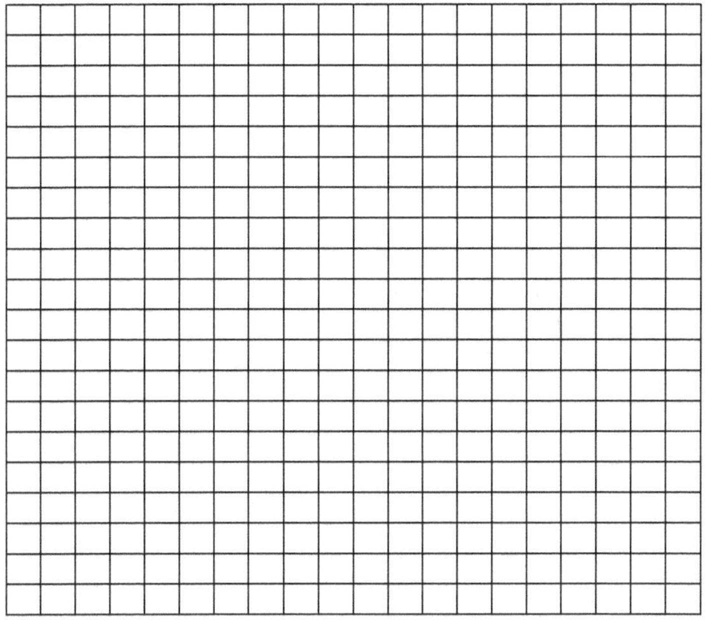

Notes:

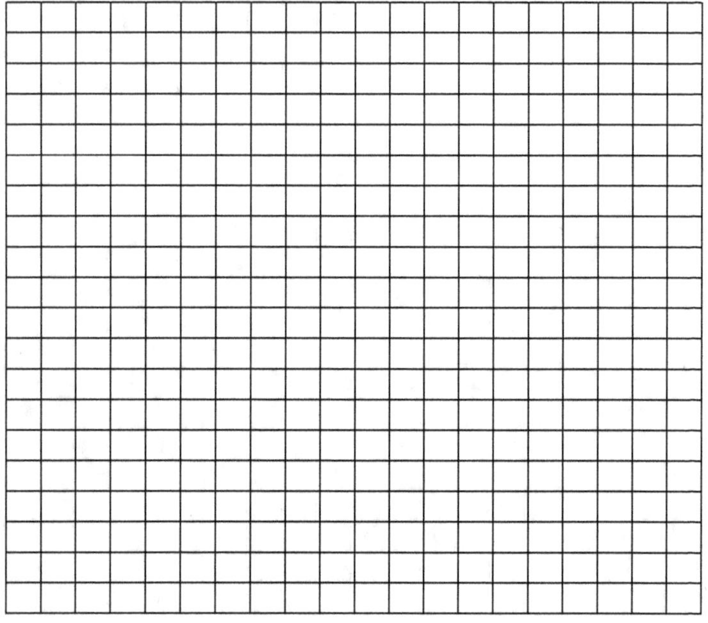

Notes:

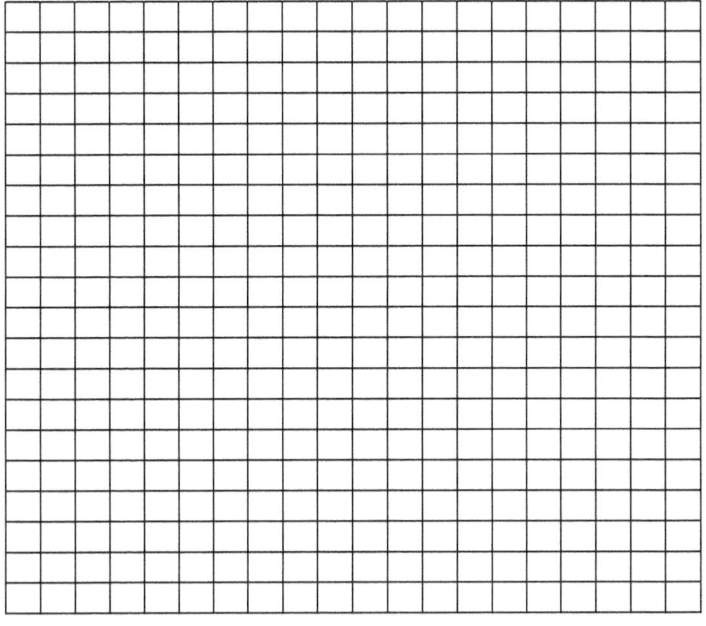

Notes:

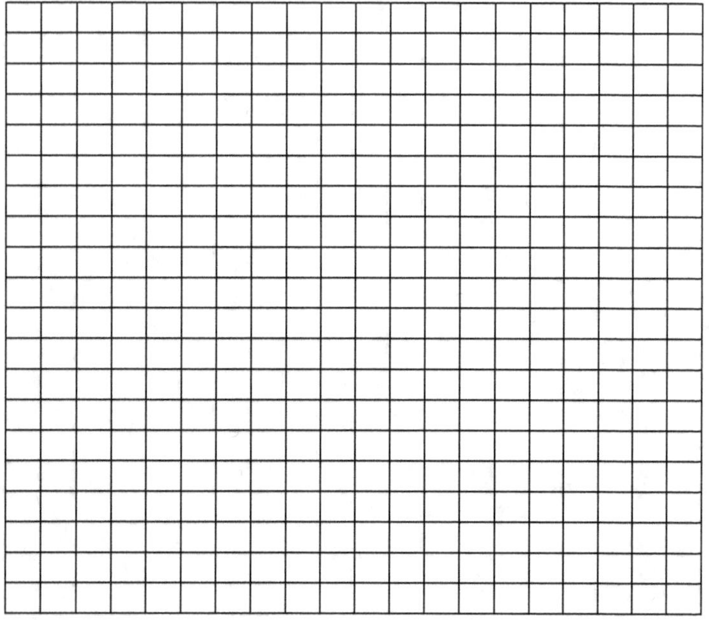

Notes:

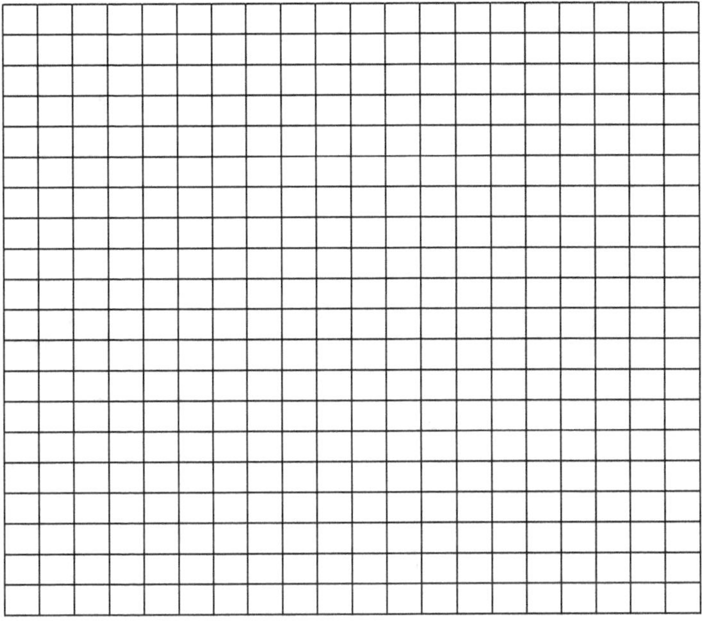

Notes:

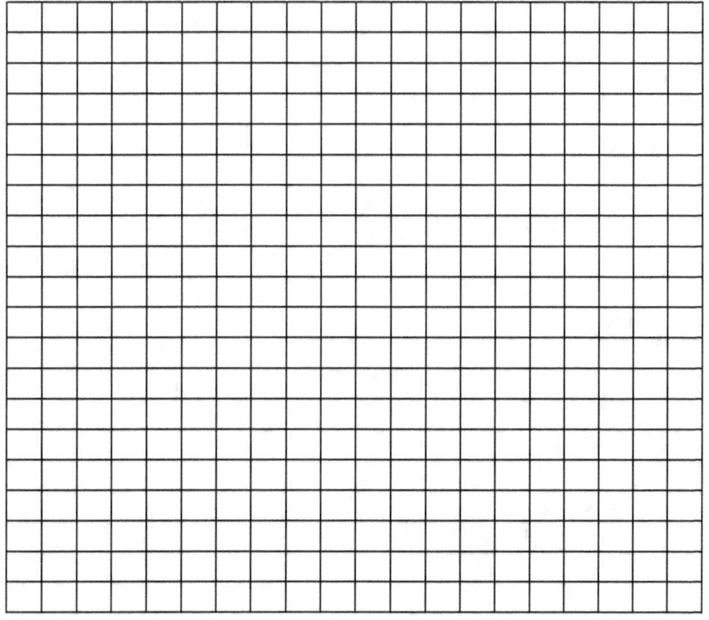

Notes:

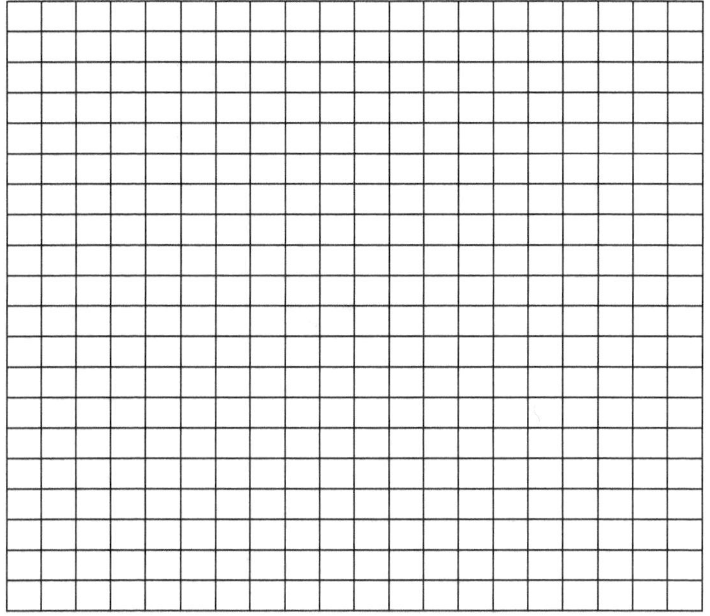

Notes:

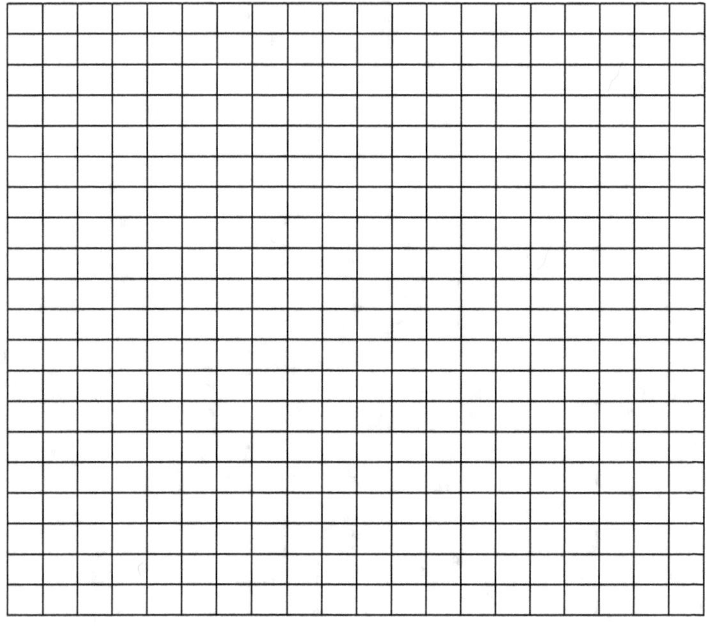

Notes:

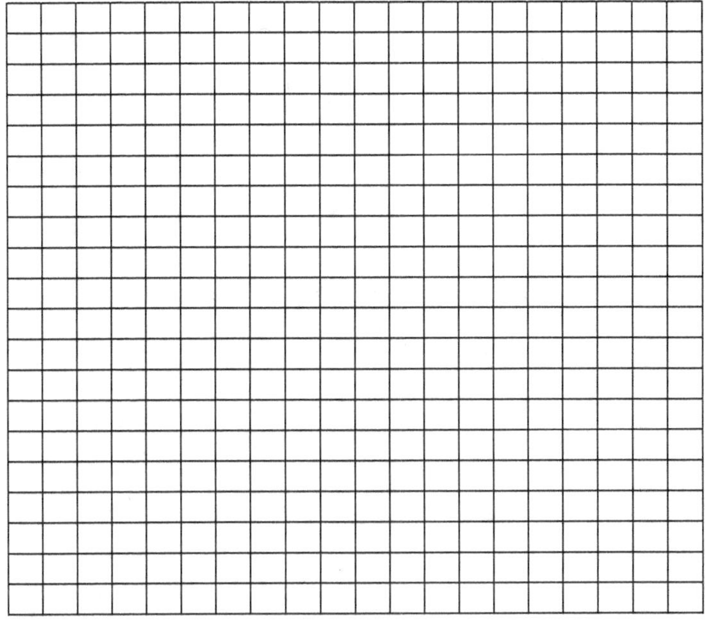

Notes:

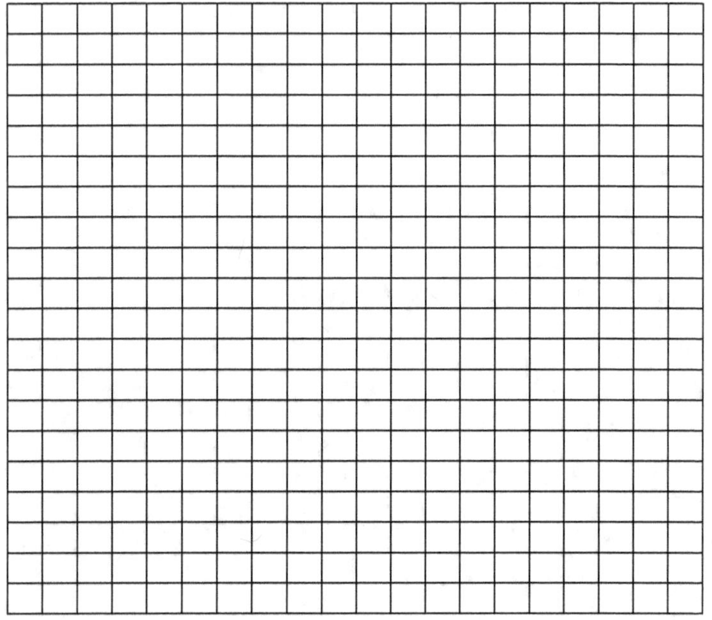

Notes:

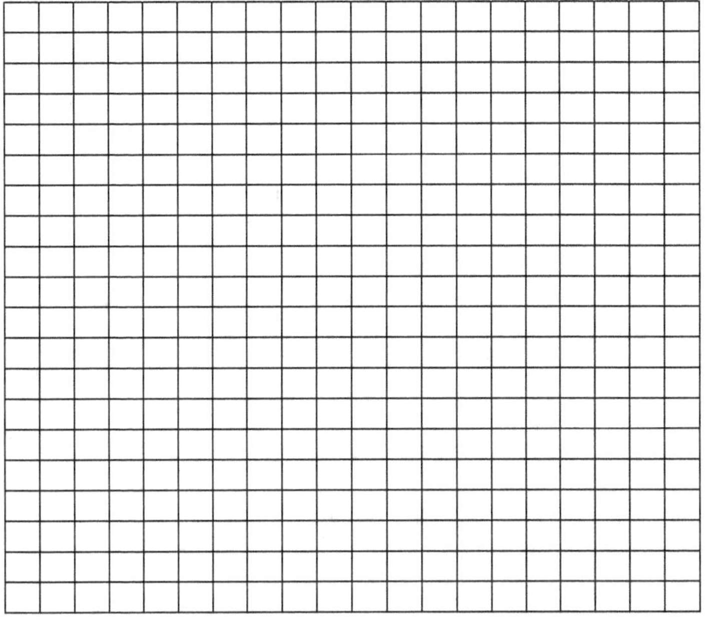

Notes:

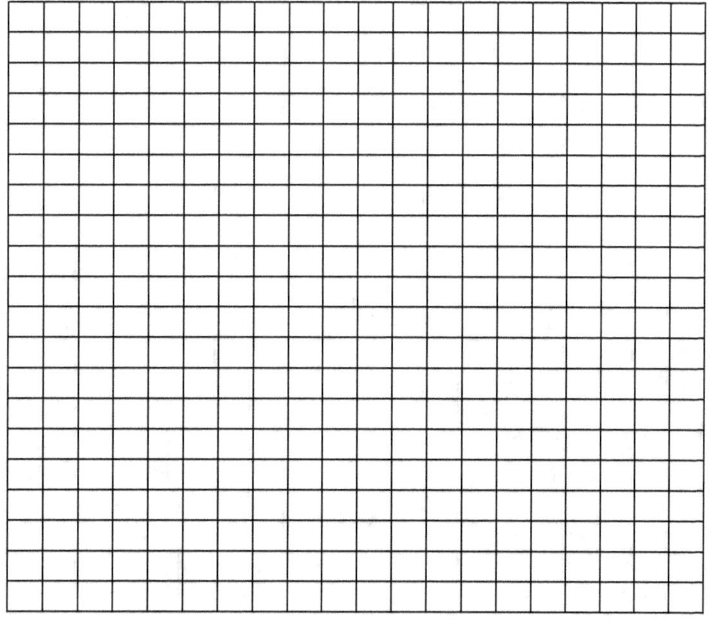

Notes:

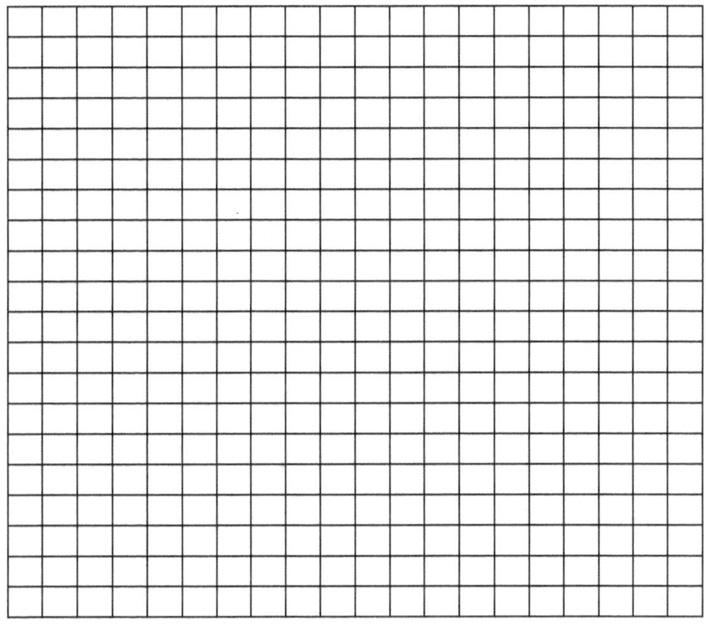

Notes:

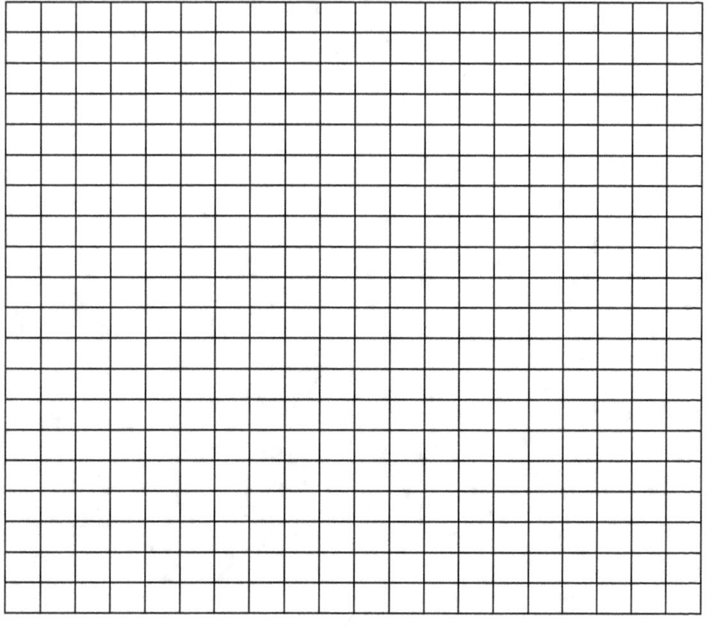

Notes:

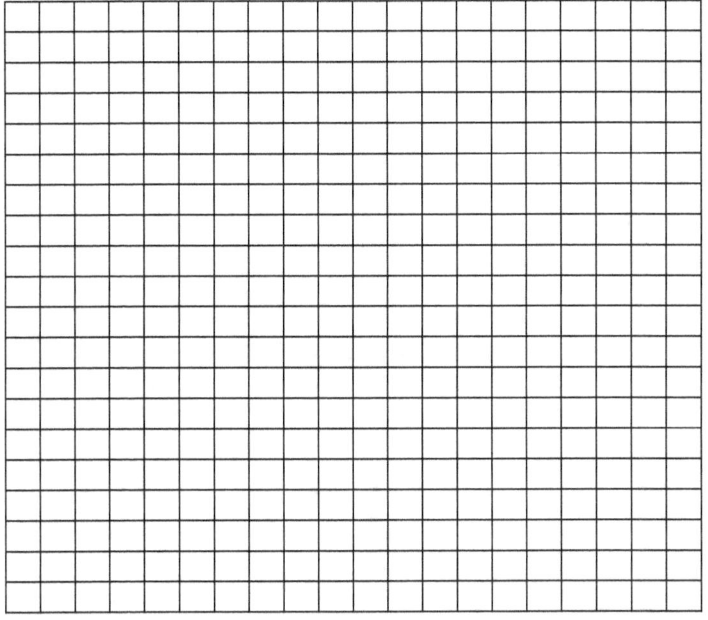

Notes:

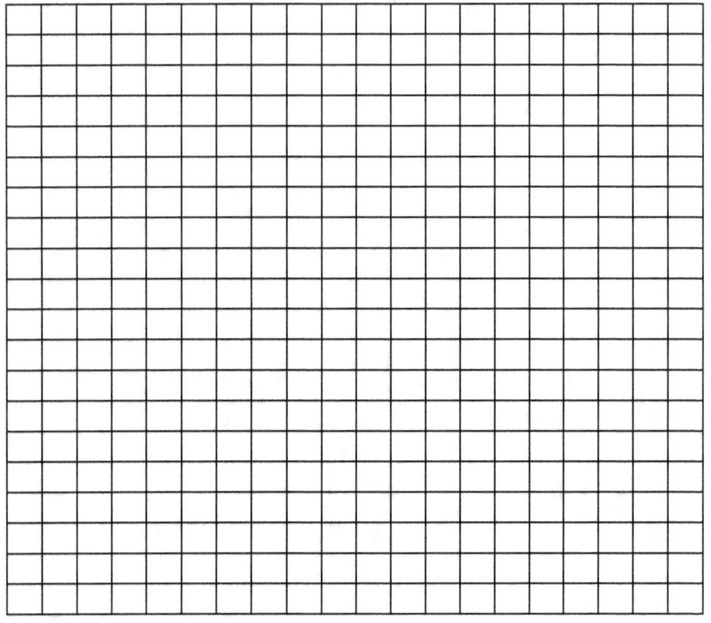

Notes:

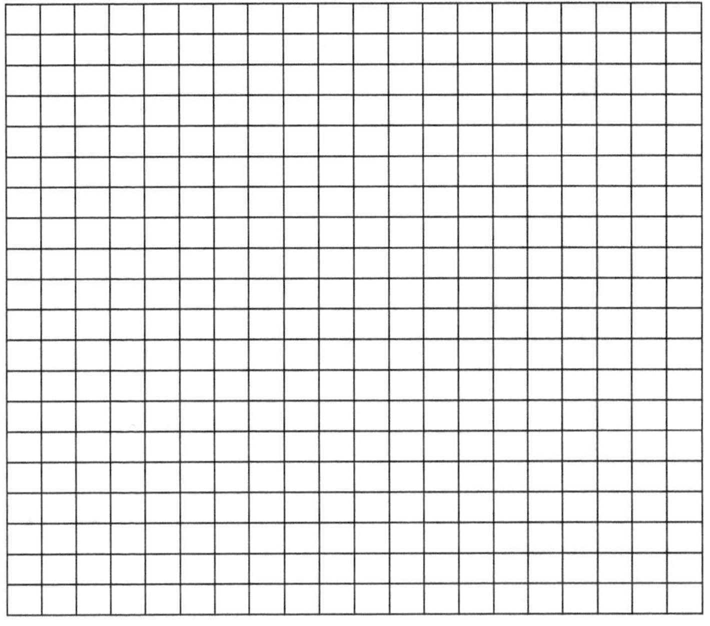

Notes:

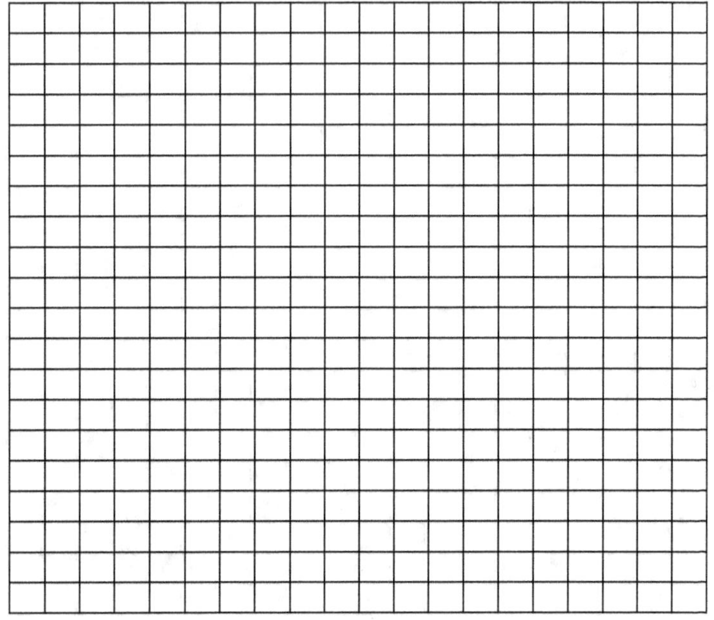

Notes:

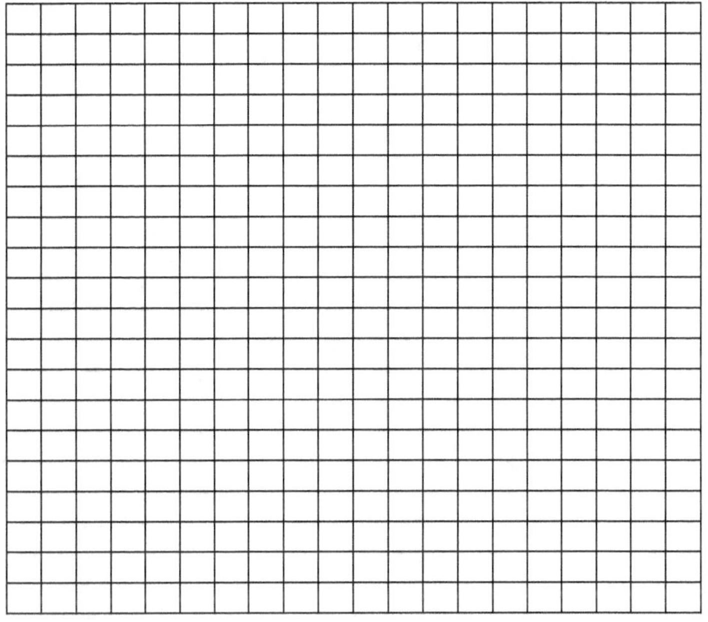

Notes:

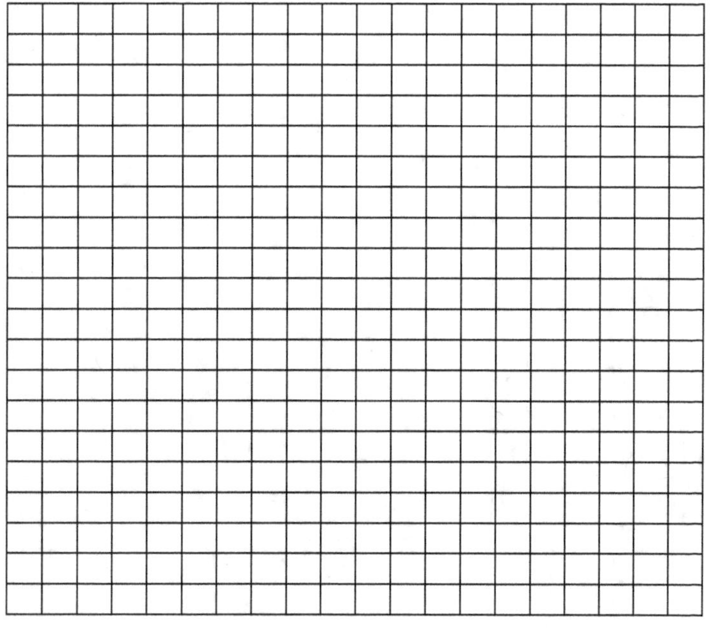

Notes:

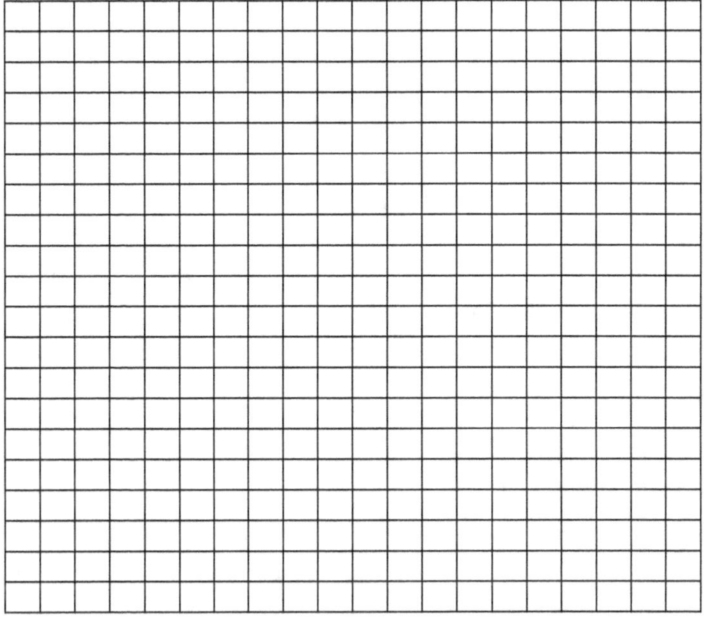

Notes:

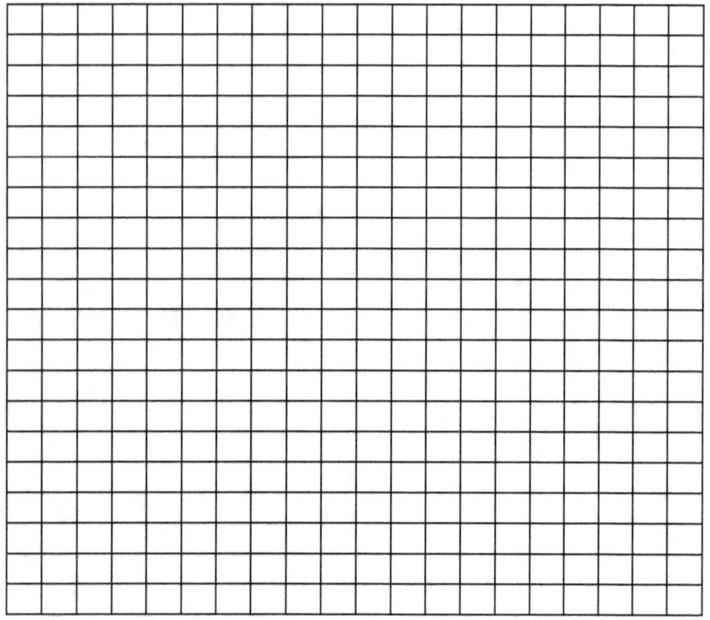

Notes:

www.ingramcontent.com/pod-product-compliance
Lightning Source LLC
Chambersburg PA
CBHW070835260726
48660CB00005B/2051